新时代应用型高校学生荣誉体系与模式构建研究

杨 宇 著

中国纺织出版社有限公司

内 容 提 要

新时代构建大学生荣誉体系要积极整合利用资源，引导学生全面发展，凸显鲜明的育人理念，激发学生积极进取的意识。本书以“新时代高校学生荣誉体系建设”为主题，论证新时期大学生荣誉体系的特点，建立起一个有利于高校发展，有利于大学生荣誉教育的关于高校荣誉建设的较为系统的理论框架。本书适合做教育研究的人士和高校老师阅读。

图书在版编目（CIP）数据

新时代应用型高校学生荣誉体系与模式构建研究 / 杨宇著. -- 北京:中国纺织出版社有限公司, 2021. 8（2024.2重印）

ISBN 978-7-5180-8840-9

Ⅰ. ①新… Ⅱ. ①杨… Ⅲ. ①高等学校-学生-激励-研究-中国 Ⅳ. ①G645.5

中国版本图书馆CIP数据核字（2021）第176735号

责任编辑：曹炳镝　　责任校对：高　涵　　责任印制：储志伟

中国纺织出版社有限公司出版发行

地址：北京市朝阳区百子湾东里 A407 号楼　邮政编码：100124

销售电话：010—67004422　传真：010—87155801

http://www.c-textilep.com

中国纺织出版社天猫旗舰店

官方微博 http://weibo.com/2119887771

北京兰星球彩色印刷有限公司印刷　各地新华书店经销

2021 年 8 月第 1 版　2024 年 2 月第 2 次印刷

开本：710 × 1000　1/16　印张：15

字数：197 千字　定价：68.00 元

前　言

PREFACE

荣誉是社会公众对某个个人或某个集体所做出的道德行为的赞赏和肯定，社会组织给予特定人的一种正式的积极性评价。在中国，孟子首先从伦理的角度提出了荣辱概念："仁则荣，不仁则辱。"荣誉体系是以荣誉为平台的一种激励机制，可以引申为一种监督评价体系或人文管理制度，其在激励个人发挥主动性、帮助组织实现目标方面产生显著影响。高校作为社会组织的重要形式，其发展需要专业化、科学化的管理。学生荣誉制度的构建是高校运用激励理论进行组织管理，尽快实现大学教育的实践目标的过程。因此，学生荣誉体系构建不仅立足于高校的培养目标，还代表着高校的育人方向。但是如果学生荣誉体系构建得不合理，则会导致荣誉指向与培养目标相偏离。

本书以"新时代高校学生荣誉体系建设"为主题，论证了新时期大学生荣誉体系的内涵和特点并进行了深入阐述。旨在初步建立起一个有利于高校发展，有利于大学生荣誉教育的关于高校荣誉建设的较为系统的理论框架。本书重点讲述了新时代构建大学生荣誉体系，是高校"以人为本"理念的体现，是激发学生各方面潜力的需要，是社会快速变迁发展的需求。新时代构建大学生荣誉体系要积极整合利用资源，荣誉类型丰富多元；引导学生全面发展；凸显鲜明的育人理念，激发学生积极进取的意识，构建高校大学生荣誉体系。

本书在编写过程中参阅了许多前辈及同行专家们的著作和文献资料，受益良多，在此谨向有关编著者和出版者表示诚挚的谢意。由于笔者时间和能力有限，在编写过程中可能存在疏忽和不足之处，希望读者提出宝贵意见和建议。

目录

CONTENTS

第一章　新时代应用型高校学生荣誉体系创新与功能……1

第一节　建立高校学生荣誉新体系的现实意义……2

第二节　基于校训的高校学生目标激励功能研究……8

第二章　新时代应用型高校学生荣誉体系的构建分析……13

第一节　高校荣誉奖励体系问卷调查及荣誉体系……14

第二节　构建高校学生荣誉奖励体系的基本路径……17

第三节　建立高校学生荣誉新体系应注意的问题……20

第三章　新时代应用型高校大学生荣誉体系构建路径探析……25

第一节　荣誉体系的价值意蕴与设计思路……26

第二节　构建大学生荣誉体系的原则与路径选择……31

第三节　基于大数据的高校学生荣誉体系构建路径思考……37

第四章　基于荣誉文化素质教育的高校校园环境建设……43

第一节　素质教育的概念及其发展历史……44

第二节　大学文化素质教育……47

第三节　校园环境美化和建设与大学生文化素质教育……57

第五章　新时代应用型高校大学生荣誉诚信建设与发展…………………77

第一节　开展回归生活世界的大学生诚信教育 ……………………79

第二节　推进大学生诚信制度建设 ……………………………………88

第三节　优化大学生诚信发展的环境 …………………………………109

第六章　新时代应用型高校学生心理教育机制的建构与整合…………121

第一节　高校心理教育机制构建的科学依据 ……………………………122

第二节　高校心理教育机制构建的内容和方式 …………………………136

第三节　实践化的心理教育整合模式 ……………………………………151

第七章　基于荣誉教育的教师追求………………………………………159

第一节　健康积极的教学文化 ……………………………………………160

第二节　专业认同是教师成长发展的基础 ………………………………164

第三节　“大爱”为本 ………………………………………………………170

第四节　“大智”为纲 ………………………………………………………171

第五节　“大雅”为韵 ………………………………………………………176

第八章　基于荣誉教育的学生追求………………………………………183

第一节　当代大学生面面观 ………………………………………………184

第二节　导向主体发展的学习力提升 ……………………………………185

第三节　有理想的追求是最关键的自主 …………………………………191

第四节　有意志的约束是最明智的自我 …………………………………194

第五节　有导向的评价是最有价值的自觉 ………………………………197

第九章　新时代应用型高校大学生价值观培育…………………………203

第一节　增强大学生对社会主义核心价值观的认同 ……………………204

第二节 重视对大学生的人文关怀与心理疏导 …………………………207
第三节 发挥三个平台对大学生潜移默化的作用 ………………………212
第四节 新时代大学生社会主义核心价值观培育的具体措施 …………218

参考文献……………………………………………………………………231

第一章

新时代应用型高校学生荣誉体系创新与功能

荣誉是把奖赏从外部调控转化为个人自我调控的重要手段，荣誉对个体道德行为的形成和发展起着重要作用。随着教育体制、高校招生和就业分配制度改革的不断深入，大学生的思想观念、价值观念、思维方式和生活方式等方面不断变化和发展，日益呈现多元化趋势。为了更好地激发大学生学习的热情，培养其良好的道德观念，充分发挥其潜能，促进大学生成长为合格的社会主义建设者和接班人，有必要对我国高校学生荣誉体系进行创新研究与构建探索。

第一节　建立高校学生荣誉新体系的现实意义

一、荣誉体系构建的指导思想

坚持以习近平新时代中国特色社会主义思想为指导，深入贯彻党的十九大精神和习近平总书记系列重要讲话精神，贯彻落实全国高校思想政治工作会议、全国教育大会、全国本科教育工作会议精神，全面落实立德树人根本任务，发挥学校第二课堂的育人作用，推动学校"三全育人"。紧紧围绕学校"明德印记"思想政治工作体系和"山"字型人才培养模式，引导学生践行社会主义核心价值观，塑造"厚重·灵性·担当"的大山品格，弘扬"苦心励志·追求卓越"的大学精神，引领"礼敬榜样·崇尚荣誉"的社会风尚，激励学生争做新时代楷模，服务与促进学生的全面发展和成长成才。

二、高校学生理想信念的现状与问题

当代大学生，是一群素质很高、具有很大发展潜力的群体。就总体而言，大学生理想信念状况的主流是积极、健康、向上的。他们热爱党、热爱祖国、热爱社会主义，支持改革开放，顺应历史潮流，积极进取，锐意创新；个人的独立性、自主性和创造性空前高涨；竞争意识、效率观念已成为他们中大多数人的共识。他们对祖国的前途十分关心，认识到个人命运与国家的发展是紧密相连的。具体表现在以下三个方面[1]：

（一）大学生普遍具有较高的政治责任感

根据相关资料显示，31.4%的大学生表示，当国家和人民遇到危险和困难（战争、灾害等）时，自己可以为祖国和人民献出一切，61.4%的大学生表示要“尽自己所能予以付出”。

（二）大学生对中国特色的社会主义道路持有肯定态度

调查显示，40.51%的大学生对中国特色社会主义道路的发展前景“充满信心”，39.85%的大学生认为“道路艰难，终能实现”；对于社会制度的认识上，51.85%的大学生认为“理论是正确的，实践中还有待完善”；28.15%的大学生认为“只有深化改革，社会主义才有出路”，充分体现了大学生的爱国情怀。

（三）党团组织在大学生中仍具有相当的影响力

大学生要求加入党组织的比例逐年提高。据调查，高校大一的团员人数占学生总数的90%左右，新生入校后递交入党申请书的比例约占新生人数的40%。这说明大学生对中国共产党的认同度很高，凸显了大学生的爱党情怀。

三、认知荣誉与引导教育

（一）荣誉的内涵和特点

荣誉是指社会、集体对一个人的道德行为具有的社会价值作出的肯定，个人从社会肯定中获得的精神满足。在中国，孟子最早从伦理方面提出了荣辱概念：“仁则荣，不仁则辱。”荣誉属于社会历史范畴。不同的社会或不同的阶级对同一行为的褒贬不同甚至相反。荣誉的获得与履行道德义务密切相关，忠实履行对社会、阶级或他人的义务是获得荣誉的前提。在社会主义时代，荣誉具有如下特点：

第一，道德性。荣誉是同义务、责任等紧密联系在一起的道德规范中的基本范畴。洛克认为：“荣誉是德行的奖品，荣誉具有鲜明的道德性。”荣誉作为个体道德的内在机制，是道德主体对自身履行道德义务后所产生的一种内心体验和自豪感的心理意识。荣誉观的形成，是以心理意识的形式对个体道德起着内控机制的作用、制约、支配和引导个体的道德行为选择和价值取向。因此，荣誉与个体道德息息相关，关系到个体道德素质的提高和情操境界的提升。

第二，激励性。荣誉是一种激励手段。精神生活是人们生活中不可或缺的，精神的激励效果，远胜于象征性的物质激励。如果我们承认马斯洛自我实现的需要是人类最高层次的需要，那么荣誉就是一种终极的激励手段。荣誉是一个人进步和贡献的重要标志，是鼓舞人们进步发展的内在精神动力，它能提高人对自我价值的认识，激励人们以更大的热情勤奋工作和学习。

第三，实践性。心理内化论认为，人的一切高级心理机能最初都是作为外部的人际交往形式表现出来的，后来由于内化的结果转化为个体的心理过程。无论哪种素质，几乎都是由外部的客体因素转化而来，只是程度不同。这就说明，荣誉作为人对外界肯定性评价的一种能动的主观心理感受，具有很强的实践性。

（二）荣誉的表现形式

荣誉可分为集体荣誉和个人荣誉，二者从根本上来说是一致的：个人荣誉是集体荣誉的体现和组成部分，集体荣誉是个人荣誉的基础和归宿。

第一，集体荣誉。集体荣誉是指社会对集体行为的赞扬、奖励和尊敬。它是在集体活动和集体生活中形成的，是激励集体成员积极向上的无形力量，也是推动各成员热爱集体、自觉地为集体尽义务、做贡献的道德情感。在集体荣誉里，包含个人的努力，又体现个人的荣誉。凡是在集体环境里学习、生活、工作过的人都能体会到，当集体取得成绩时会有一种无比的荣誉，这个荣誉不会占为已有，而是大家共同取得的结果，每个人都会从内心深处感到欣慰、自豪。

第二，个人荣誉。个人荣誉是社会和集体对个人行为的赞扬、奖励和尊敬。就大学生而言，个人荣誉主要表现在三个方面。其一，学校授予的荣誉称号；其二，地方政府授予的荣誉称号；其三，国家授予的荣誉称号。这里的荣誉称号包含精神的和物质的。这些荣誉称号对学生的一生都会产生无法估量的影响，而他们会珍藏荣誉证书，档案中会有记载，形成人生取之不尽的动力之源。

（三）荣誉的引导教育作用

当代大学生是我国实现现代化建设战略目标的重要力量，大学阶段也是年轻人世界观形成的重要时期。大学生的思想状况、道德品质、科学文化素质直接关系到现阶段和中华民族未来的整体素质；因此，思想政治教育特别是大学生的理想信念教育就显得比以往任何时候都紧迫、都重要。

以“赏识”为教育理念，观察和研究当代中国社会的国情及其对大学生的作用与影响，以此为基础，采取有效措施对大学生群体进行正确引导，具有深刻的现实意义。其实，以往高校也重视理想信念的教育，但是在谈到价值观问题时从理论层面介绍较多，而立足现实进行分析和研究的则较少，人们很难找到这方面的参考文献。因此，作为高校思想政治教育工作者，我们深深感到，应切实了解当前大学生的思想状况，对这些问题进行分析，并找出解决的办法和途径，研究以往的教育方法与效果；变换一种视角，给出一份自信，探索一些标本兼治、可行性办法，进而在思想政治教育中倡导一些新理念，提供一些新思路，让学生在宽松和谐的氛围中成长成才。

四、现有高校学生荣誉奖励体系分析

（一）高校荣誉体系现状

第一，学习激励荣誉体系。以燕山大学为例，学校设立的激励大学生努力学习的荣誉称号有：“三好学生”“三好学生标兵”“优秀学生”“优秀团员”“优秀党员”“优秀毕业生”“共青团标兵”“社会实践活动先进个人”等；

还有国家、企业等机构设立的各种形式的奖学金。

第二，学生干部荣誉体系。“优秀学生干部”“优秀团务工作者”“优秀团干部”“十佳团支书”“学生会先进工作者”等。

第三，集体荣誉。“先进班集体”“优秀团支部”“优秀文明班级”“社会实践活动优秀团队”等。

第四，其他荣誉。“优秀青年志愿者”“十大学生科技明星”“勤工助学先进工作者”等。

（二）现有荣誉体系存在的不足

第一，强调综合，忽略专长。各大学设立的奖励学生努力学习的荣誉称号，还有国家、企业等机构设立的各种形式的奖学金，这类荣誉奖励都明显地表达其综合性内涵，缺乏对学生学习兴趣和专长设立单项激励，不易发现和培养有特殊能力和才能的学生。

第二，素质教育宽泛，缺乏个性激励。例如“红十字会优秀会员”“十大风云学生”“勤工助学先进工作者”等，这些奖项有的针对性很强，有的又太空泛，无法弥补更大范围的空缺，不能满足大学生个性化的激励需要。

第三，集体概念封闭，缺乏开放融合。“优秀文明班级”“文明寝室”“红十字会活动先进集体”等，这类荣誉称号覆盖学生集体活动范围非常小，对大学生发挥技能专长，形成自由组合完成大型活动或自由组织活动缺乏激励功能，不利于培养开放式团队合作能力和团队精神，容易制约大学生对团队概念的理解，降低大学生组合团队的能力。

第四，只注重学生干部综合能力，忽视专业特长能力。主要指奖励“优秀学生干部”“优秀团务工作者”等。这些荣誉称号只体现了对学生干部综合能力的评价，不能满足学生工作的多样化特点，尤其不能反映学生干部的业务专长，如学生文体工作干部。

从上述学生荣誉奖励的分析来看，我国目前高校大学生荣誉称号覆盖的领域非常狭窄且零散，不能满足大学生发挥潜能，突出专长的需要。因此，构建完善、科学的高校大学生荣誉奖励体系，就成为我国高校的当务之急。

五、时代呼唤高校学生荣誉体系的创新

基于以上现状，我们可以看出，现有荣誉奖励在高校教育中发挥的激励引导作用具有很大的局限性，因此，建立一个高校学生荣誉体系对于学生个人发展及社会需要都是非常必要的。

（一）充分发挥学生价值的需要

学生存在个性差异，荣誉体系能够最大限度地满足个体能力的需要，激发个性学生的专长，并为学生获得荣誉提供和创造机会。苏联教育家苏霍姆林斯基说过："教育成功的秘密在于尊重学生。"每个人都渴望得到别人的尊重，尤其是自尊心很强的大学生。大学生的自我意识日益成熟和完善，注重塑造自我形象，并通过理想自我与现实自我的比较来认识自己，也通过自己的活动表现和成果来认识自己，所以，学校应鼓励学生多参加社会实践，并通过设立多种荣誉激励学生发挥各自的特长和能力，满足他们更多的个性化需求。

（二）社会变迁的要求

调查数据表明，在高校中，承认自己考试作弊的学生占21%，而被缉获的仅占1%，作弊被缉获率很低。社会的文明进程在不断推进，超市、无人售票公共汽车等各种无人看管的社会服务项目在不断增加，它是完全建立在人的自觉和自律的道德基础上的。高校是培养高素质人才的摇篮，道德行为滞后于社会现实的问题必须改变。因此，建立高校荣誉体系是引导学生正确选择人生道路的重要方法。

可以确定，随着现代化和全球化进程的进一步加快，我国大学生的思维方式将呈现出更加开放、务实、多维的特点。针对新时期高校思想政治教育的新问题、新特点，不断完善和建立高校学生荣誉新体系，为高校教育和管理工作者提供了一种新的工作思路。

第二节　基于校训的高校学生目标激励功能研究

校训是一所大学办学理念和教育思想的集中体现，是大学精神和大学理想的反映。它借助训导性的格言警句来加强对大学生的指导和激励，使他们成为品格优秀、学习勤奋、勇于创新的人才，其字字句句都蕴含着学校对全体大学生的殷切希望。《辞海》对校训的解释是："学校为训育上之便利，选若干德目制成匾额，悬之校中公见之地，是校训，其目的在使个人随时注意而实践之。"可见，校训具有教育性、公示性、道德性和实践性的特点。校训提倡的是某一种或几种道德品质，德目选择不同，教育的重点和指向也会发生变化，它对于师生道德人格的培养和完善，对于学校优良校风和办学特色的形成具有重要影响，因此，我们有必要先分析一下校训的类型。

一、校训的精神激励作用

（一）校训的类型分析

我国高校长期在党的领导下，认真贯彻党的教育思想，忠于党的教育事业，所以各高校在教育理念上体现出较高的一致性；同时受本地区的教育实际和广大师生的心理诉求的影响和作用，各高校形成了自己独具特色的教育理念。反映在校训上，就是各高校校训内容各有侧重，或倡导学风，或重视成才，或突出人格，三种常见类型分述如下：

第一，倡导学风型校训。这类校训充分表达了学校在治学方面对全体师生的严格要求，希望大学生努力养成优良学风，掌握严谨、科学的治学方法。例如汕头大学校训：团结、勤奋、求实、创新；同济大学校训：严谨、求实、团结、创新；复旦大学校训：博学而笃志、切问而近思；中山大学校训：博学、审问、慎思、明辨、笃行；东北大学校训：自强不息、知行合一；等等。这些校训较多地把“求实、创新”等作为对治学的具体要求。“审问、慎思、明辨、笃行”以及“知行合一”等思想观念不仅在学业、学问中，而且也是在人生中取得成功的有效方法，所以值得提倡。

第二，重视成才型校训。这类校训侧重教育活动的成果，比较明确地表达了教育的终极目标，同时反映了一所大学的人才观，强调德才兼备。大学应该提倡思想自由、博览群书，通过“兼容并包”传承全人类的优秀文化并不断创造新知识和新文化。只有“海纳百川”，才能“有容乃大”。

第三，重视人格型校训。这类校训揭示了受教育者应该具备怎样的人格、应该承担怎样的社会责任、应该拥有怎样的人生追求。例如清华大学校训：自强不息、厚德载物；南京大学校训：诚朴雄伟、励学敦行；铜仁学院校训：明德、致用。铜仁学院作为应用型大学的地方院校代表，为打造“明德印记”思政工作品牌，规范健全学校各级各类学生先进典型的培养、遴选、表彰、分享、传承机制，彰显学生新时代精神风貌，以榜样力量引领铜仁学院学生书写时代华章。依据《中华人民共和国教育法》《中华人民共和国劳动法》《中华人民共和国高等教育法》《普通高等学校学生管理规定》等法律法规及学校章程，结合学校实际，制定了铜仁学院“明德印记”学生荣誉体系管理办法，用以规范铜仁学院学生荣誉称号的申报、分级管理等，包含荣誉称号评价的内容，分级管理，荣誉颁奖的仪式与规定、荣誉的申诉与撤销等。

从以上分析可以看到，校训是学校对全体师生的总要求，它表达了校方对莘莘学子的希望，体现了学校对于师生学习、工作、为人以及社会责任等的看法和主张。

（二）实践校训的意义

第一，从校训对个人的作用而言，它具有激励功能和审美功能。当校训被大学生内化为自己的信仰、价值观念和行为准则后，就会转变成为他们的自觉行动，激励他们为崇高的理想而奋斗；同时优秀的大学校训还具有审美功能，其文字隽永含蓄，令人百读不厌。它提高人的审美感知、陶冶人的审美情感、增进人的审美理解、增强人的审美想象，对人有潜移默化的审美教育作用。

第二，校训是全体师生学习、工作或做人的远大目标。它就像漆黑的大海上巍然耸立的灯塔，以它的精神之光照亮千千万万师生前进的方向。学校的每个学生在这一思想指引下，结合自身的文化素养和专业所长，根据自己的兴趣和爱好，选择适合自己独特的发展道路，使每个学生在将来成为具有较高文化素养和各具优势所长的适应祖国和社会需要的人才。西方有句谚语：条条大道通罗马，一个科学的、得到全体师生认同和响应的校训能够引导学生追求理想目标，实现人生事业。

第三，践行校训具有良好的精神激励作用。校训对于激励全校师生员工进一步弘扬传统，增强对学校的荣誉感和使命感，对学校的发展起着重要的推动作用。实践校训关键在于落实，每一位师生都应在实际行动上，真正以校训精神为鞭策，争做世人的楷模。唯有如此，良好的学风、教风和校风以及优良的校园文化环境才会形成；唯有如此，学校才会培养出一代又一代的英才；唯有如此，一代又一代新人才会在创建和谐美好社会、建设富强、民主和文明国家的伟大历史进程中建功立业，其人生才会在“学为人师，行为世范”的不懈追求中走向卓越。

二、荣誉奖励的制度激励作用

荣誉奖励是指一定社会或集团对人们履行社会义务的道德行为的肯定和褒奖，受奖者由此在内心获得一种价值认同和情感上的满足。它是特定人从特定组织获得的专门性和定性化的积极评价。我国自古就有重视荣誉的传统，管仲指出：“仓廪实，则知礼节；衣食足，则知荣辱”，荀卿说：“先义而后利者为荣，先利而后义者为耻”，高校对教师和学生的荣誉奖励是对师生治学与为人的巨大鞭策与激励，尤其近年来将精神激励与物质激励相结合的奖励方法，能够极大地调动广大师生的积极性和创造性，具有很强的舆论导向作用，它是实践校训的一个极为重要的具体步骤和措施，因而对于治校具有重大意义。从公关形象（CI）策划的角度看，如果以校训为学校这一组织的核心理念，将学校的各种规章制度、行为和视觉可识别成分如奖励等进行有效整合，形成一个整体，共同作用于组织的各类公众，能够产生使核心理念的作用放大的效果，所以荣誉奖励的作用绝不可小视[1]。

教育实践证明，荣誉奖励是实践校训的最有效工具之一，它还能有效促进学生的个性发展并凸显其专长。每个人都渴望得到别人的尊重，尤其渴望得到集体和领导的尊重和承认。大学通过授奖仪式向先进学生颁奖，就是对先进学生的最大尊重和认可。大学生们正当青春年少，风华正茂，他们朝气蓬勃，斗志昂扬，只要高校的教育工作者能够及时发现，并加以鼓励和指导，他们就会迸发出很强的能量，就会走得更远，一张奖状对他们来说就是人生路上的一个里程碑，而各种荣誉奖励就是对他们最好的鼓励与指导；另外，在校大学生的自我意识日益成熟和完善，他们注重自我形象塑造、自我展示，希望以此获得较高的团体地位，进一步增强自尊和自信，所以学校应鼓励大学生多参加社会实践，并通过设立更多的荣誉，奖励学生发挥各自的特长和能力，满足他们更多的个性化需求。

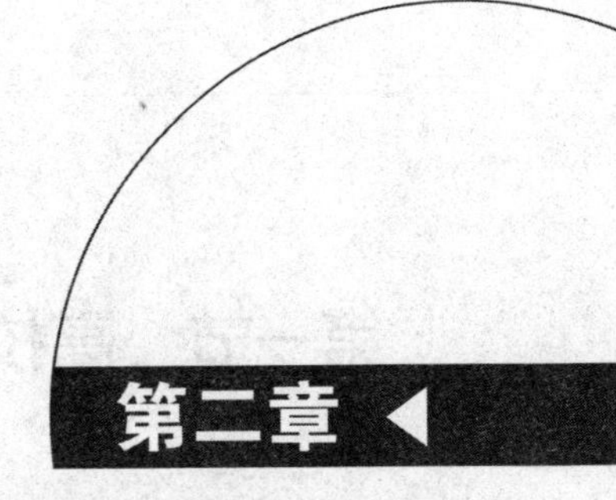

第二章

新时代应用型高校学生荣誉体系的构建分析

第一节 高校荣誉奖励体系问卷调查及荣誉体系

我们提出24项拟设定的荣誉称号，并对已有的荣誉称号和拟设定的荣誉称号做了问卷调查，向三个学校发放了258份调查问卷，收回了245份问卷。该问卷设置“非常重要、比较重要、无所谓、比较不重要、非常不重要”五个等级，其权重分别为5，4，3，2，10，两类被调查人群分别为：学校老师和在校大学生。

对调查结果中原有荣誉和拟设定荣誉比较分析，以重视程度的五个等级为变量，对两个荣誉体系进行显著性检验。

首先用检验。检验是对两独立样本，即两个不同总体均值之间的差异性是否显著进行检验。其步骤为：

一、建立原假设

$H_0:\mu_x=\mu_y$，$H_1:\mu_x\neq\mu_y$。即原假设为两总体均值之间不存在显著差异。

二、构造统计量

这里要分两种情况来讨论：

如果两总体方差相等，则统计量为：

$$t=\frac{(\overline{x}-\overline{y})-\mu_x-\mu_y}{\sqrt{\frac{(n_1-1)s_x^2+(n_2-1)s_y^2}{n_1+n_2-2}}\sqrt{\frac{1}{n_1}+\frac{1}{n_2}}}$$

如果两总体方差不相等，则统计量为：

$$t=\frac{(\overline{x}-\overline{y})-\mu_x-\mu_y}{\sqrt{\frac{s_x^2}{n_1}+\frac{s_y^2}{n_2}}}$$

可见，两独立样本T检验的结论在很大程度上取决于两个总体方差是否相等。这就要求在检验两总体均值是否相等之前，首先要对两总体方差的齐次性进行T检验。在SPSS的两独立样本检验中，系统会自动给出Levend's方差齐次性检验的结果。

三、利用原假设和样本数据计算t统计量和其对应的P值，由原假设，$\mu_x-\mu_y=0$故可以略去

四、对比值P和α，结合原假设作出推断

如果$P<a$，则拒绝原假设，得出两个总体均值存在显著差异的结论；如果$P>a$，则不能拒绝原假设，应认为两总体均值之间不存在显著差异。

五、构建体系——以铜仁学院“明德印记”四级荣誉体系为例

在荣誉体系建设中，设定的各类荣誉，要全面覆盖学生发展的各个方面，促进青年学生的全面发展。荣誉体系的建设要分层次、分类别，根据学生的成长成才规律和立德树人价值导向，建立合理的荣誉体系结构，全面促进学生的综合素质提升，“明德印记”学生荣誉总共分为校级一级荣誉、二级荣誉、三级荣誉、院级荣誉，每级荣誉从思政、综合、专业：特长活动、学习等方面对学生进行综合评价，彰显学校“厚重、担当、灵性”的大山品格。

（一）一级荣誉

用以表彰在工作学习等方面有突出成就，具有榜样性引导作用的优秀大学生。一级荣誉同步设立相应的荣誉标识，包括各种奖章、奖杯、勋章、奖证。一级荣誉为铜仁学院的至高荣誉，需经过校长办公会、党委会审议通过方能授予。

（二）二级荣誉

授予在某个单项表现较为突出的优秀大学生。二级荣誉要同步设立相应的荣誉标识，包括各种奖章、奖杯、勋章、奖证。

（三）三级荣誉

三级荣誉是为促进学生某方面素质的提升和日常管理工作的有效开展而设立的荣誉。三级荣誉要同步设立相应的荣誉标识，包括各种奖章、奖杯、勋章、奖证。

（四）院级荣誉

包含二级学院内部为引导学生成长成才设立的各种奖励荣誉，包括综合类、党组织表彰类、思政类、专业类、特长活动类等。二级学院要根据学校的荣誉体系制定符合自己学院的荣誉奖励办法。学生社团设立的荣誉称号作为院级荣誉由校团委统一申报。

六、各级荣誉结果的运用

荣誉体系的建立，让学校对学生的考核评价更直观、更全面。荣誉体系的建立在一定程度上完善和补充了学校的评价机制，更全面直观地了解了学生的发展轨迹，评价并预判当前及今后的成就、能力等。各级各项荣誉获得者进入铜仁学院优秀人才档案库，是学生入党、评优创先、典型塑造、选拔等各项工作的重要依据。

第二节　构建高校学生荣誉奖励体系的基本路径

构建我国高校学生荣誉体系应从荣誉的特点、大学生的学习规律、生活规律、心理特征、社会环境等方面统筹考虑。

从统计分析的结果可以看出，目前各高校除了正在实施的奖项外，还可以考虑设立如下荣誉奖体系：

一、创新荣誉体系

创新是一种科学目标，意味着超越，意味着改革。科学的本质就是创新，没有创新就没有科学。作为大学生就要把学到的知识用于实践，并在实践中产生创新成果。大学是各种知识汇集的地方，理应是创新最活跃的领域。因此，应当建立大学生创新荣誉体系，激励他们的创新潜能，深度挖掘所学知识。创新荣誉体系包括“发明奖”“专利奖”“创作奖”“论文奖”（对学生发表的学术论文、各种实物作品等给予奖励）等。

二、学习荣誉体系

设立学习荣誉体系可以激发大学生的学习兴趣，应首先从学科的角度出发，即不同的学科设立不同的奖项，使具有不同优势和专长的大学生都有表现自己专长的机会，使更多的学生能因自己的特长赢得大家的尊重而获得成就感。学校还可以为学习成绩差的学生设立“学习进步奖”，还可以设立“重点课程专项学习奖”等。

三、诚信荣誉体系

建立高校大学生诚信荣誉体系是针对当前社会存在的不良现象和大学生中出现的不诚信行为，以及根据社会进步提出的新的要求和大学生在未来社会发展中占据的重要地位而提出的。高校大学生诚信荣誉体系包括“拾金不昧奖”“助人为乐奖”“见义勇为奖”“感动大学生奖”等有助于培养大学生诚信的激励体系。

四、责任荣誉体系

建立大学生责任荣誉体系是为了激发大学生热爱自己的民族和国家，热爱自己生活和工作的集体，热爱自己从事的专业，为此，每一位大学生都要坚定地承担起应尽的责任，努力完成自己的使命。针对这些要求，通过建立明确的责任荣誉体系，引导大学生的人生理念和责任行为。例如设立“爱护环境奖”“社会公益奖”“建言献策奖”（发挥大学生敏锐的思维能力，对学校、政府等机构建言献策，并被采纳）等。

五、社会实践荣誉体系

在高校建立大学生社会实践荣誉体系，旨在鼓励大学生积极投身社会实践活动，感悟社会，实践理论，主动研究社会问题，使自己早日成为一名满足社会发展要求的合格工作者。社会实践荣誉体系包括“社会调查奖”、各种针对性的单项“实践奖”（如生产实习、假期自我实践等参与社会生产经营活动的事项）等。

六、美德荣誉体系

美德荣誉体系是指以“美”为核心建立的荣誉体系和以“德”为核心建立的荣誉体系。通过建立美德荣誉体系，可以开放式地展现大学生内心和外在的美感和精神世界，可以推动智育的深入开展。针对高校大学生对美的追求和思想观念的可塑性，应当在大学期间建立美德荣誉体系，如“体育精神奖”“歌唱奖”“舞蹈奖”“互助奖”等相关奖项。通过系列化的奖项实现从多方面激励学生个性和特长的发挥，达到促进学习的目的。

七、学生干部荣誉体系

高校学生干部是班集体的核心，他们的素质高低，对良好班风的形成以及教师能否对班级进行有效的管理起着重要作用。同时，高校学生干部在未来社会中扮演着重要角色。因此，除了正确选拔高校学生干部，还应采取有效措施激励和引导他们成为优秀的人才。通过对学生干部的激励和引导，有助于树立自身良好的形象，强化高校学生干部队伍的凝聚力、战斗力。学生干部荣誉体系包括“思维创新奖”“工作奉献奖”“团队合作奖”等。

构建科学的高校学生荣誉奖励体系，是一个全新的课题，需要以社会学、心理学、教育学、管理学和美学的理论为指导，精心筹划和设计。既要提倡设立更多的有特色和有针对性的奖项，以激发大学生的积极性和创造性，发挥其特长，又避免因奖项过多和竞争强度过高而影响正常的教学秩序，使学生偏离素质教育，阻碍学生打下宽厚扎实的专业基础。构建科学的高校学生荣誉体系是个长期过程，但只要全体教育管理工作者群策群力，不断探索和完善，一个理想的高校学生荣誉奖励体系的形成指日可待。

第三节　建立高校学生荣誉新体系应注意的问题

一、学校应建立相应的支持辅助体系

学生荣誉体系能否执行得好，产生积极的作用，还需要学校建立相应的辅助体系，支持学生荣誉体系的实现。例如各项荣誉评价标准、营造荣誉体系评价的公平环境、教师严格执行荣誉评价标准的监督考核等方面。

二、要以多种方式适度强化学生的荣誉感

高校应采取多样化的方式方法不断强化学生荣誉感，但在这个过程中一定要把握好度，否则我们在教育过程中一味地强调荣誉，可能使一部分学生为了获得荣誉和尊重而不择手段，还可能使一部分学生变得“唯荣是图”，这都违背了高校进行大学生荣誉教育的初衷。

三、要建立科学的大学生荣誉评审机构

高校要成立荣誉评审组，对荣誉称号授予进行最终裁定。还要成立由学生组成的资格审查组，该机构要对参评人的申报材料的真实性、基层评比程序的合理性、评比结果的公开性和透明性等主要环节进行审查。因为由学生组成的资格审查组更便于接触学生，能相对减少信息不对称问题，有助于实现评审过

程的公正、公开、公平，保证荣誉称号授予的价值性。

四、建立高校学生荣誉称号管理档案

高校通过建立学生荣誉称号管理档案的方式可以准确考察一名学生在四年大学生活和学习中取得的各类荣誉称号的情况。如果一名学生连续四年都能获得同一荣誉称号，学校应当向该生颁发四年大学成就奖。这是对一名大学生在某一领域卓越表现的最高褒奖，这样的奖赏会对一个学生终生产生重大积极影响。

五、对荣誉称号要实施动态管理

首先，高校建立大学生荣誉体系是一个渐进的过程，也是适应环境变化必须调整的管理需要。其次，在动态管理过程中要注重调查研究，准确掌握学生的思想状况、行为变化等情况，为正确设立荣誉称号提供决策依据。最后，调整荣誉称号还要兼顾社会发展的需要，引导大学生跟上社会变化的步伐，提高自己的适应能力。

六、做好荣誉称号的宣传工作

学生荣誉是集挖掘、培育、评审、表彰于一体的育人过程。学生荣誉体系的宣传要突出校园文化的熏陶和荣誉氛围的营造。例如设立学校、二级学院学生的光荣榜、荣誉室、荣誉墙标志等；举办荣誉讲堂、荣誉史讲座等，形成良好的荣誉环境。为教育学生热爱学校、珍惜荣誉，通过相应荣誉程序对获得称号的学员颁发奖章、佩戴标识、进行公示。在荣誉室进行注册登记，对表现突出的由学校邀请政府、社会杰出人士颁发奖章，举行荣誉仪式，使崇尚荣誉蔚然成风。

第一，设立学校荣誉殿堂。学校选择在合适的场地设立荣誉长廊、荣誉殿堂等，荣誉长廊陈列或定期更新一级荣誉获得个人、集体的奖项内容，遴选获得一级荣誉的突出代表经学校荣誉评审委员会通过，入驻学校荣誉殿堂。

第二，设立荣誉的分级标识。按照荣誉的分级管理对一级、二级、三级荣誉标识（含奖章、奖杯、勋章、奖证等）由荣誉评审办公室统一制定，根据组织开展发放至牵头部门。院级荣誉标识不能与学校一级、二级、三级荣誉标识重复。各级荣誉证书由学校荣誉评审办公室统一制定编号，在证书上生成二维码或条码，通过扫码可了解该荣誉称号的等级、表彰时间、表彰人员名单、获奖条件等。

第三，建立荣誉台账。学校各二级学院、职能部门都要建立荣誉台账，记录铜仁学院个人与集体所获荣誉的台账，使整个学校的荣誉情况一目了然，方便查询。

第四，设置学校网站展示专栏，强化新闻媒体、新媒体宣传。以学校主页为依托，设置“荣誉专栏”，由学校宣传部及时上传学校的各类荣誉奖项内容，遴选获奖者的先进事迹在专栏进行宣传报道；加大各类新闻媒体、新媒体的宣传力度，有效利用“易班”、微信、微博、QQ、手机短信等新媒体平台对先进典型进行多种渠道的宣传，以全方位的宣传态势，让大学生深入了解、认知和感悟榜样的先进事迹和精神品质。

第五，创立学生荣誉先进典型教育活动，精心培育典型、科学选拔典型、强化宣传典型、深化典型教育，遴选出贴近学生、认可度高、号召力强的先进典型，引导和教育广大学生，发挥先进典型的示范、激励和导向等育人功能。以报告会、访谈等方式对获奖者的成长历程、学习生活、先进事迹等进行深入挖掘，各宣传主体积极运用所掌握的传播平台和载体进行宣传报道，形成先进典型教育的广泛合力，扩大学校荣誉体系的影响力和社会认知力。

七、荣誉评审机构

（一）学校党委会、校长办公会是学校荣誉体系建设的最高审批机构，负责审批各级各类荣誉称号的分级、表彰形式、表彰周期等。

（二）学校设立学生荣誉委员会，负责学生荣誉考核与评审，荣誉制度的管理，保证每位涉及荣誉诉讼的学生在荣誉制度的框架下受到公平对待。

1.成员构成

学校分管党委学生工作部的领导担为荣誉委员会主任，分管学生工作处的领导担为副主任，成员主要由宣传部、教务处、学生工作部、科研处、校团委等部门主要负责人组成。

2.学校荣誉委员会的工作职责

（1）推进学校荣誉道德建设。

（2）讨论和决定荣誉称号的科学性和合理性。包含对荣誉称号名称、级别、授予数量、奖励形式的审议。

（3）荣誉称号撤销决议。

（三）学校学生荣誉委员会下设荣誉评审办公室。

1.成员构成

办公室主任由学生工作部主要负责人担任，成员由教务处、校团委主要负责人组成。

2.学校荣誉评审办公室的工作职责

（1）组织校荣誉称号的申报评审工作。

（2）学校各级荣誉的备案初审工作。包含对申报的各类荣誉评选办法、授予名单、授予数量、奖励形式等进行初审备案。

（3）学校荣誉台账的建档工作。

（4）研究处理各类荣誉称号评选过程中出现的特殊情况。

（四）设立学生荣誉权益保护申诉办公室（设在学工部）。

学生荣誉权益保护申诉办公室是执行荣誉准则和维护荣誉制度的主要机构，负责学校学生荣誉权益保护工作规范开展，切实保障学生荣誉权益。由学校党委学工部、宣传部、纪委监察室，以及相关职能部门负责人组成，监督学校学生的荣誉道德行为，对学校荣誉评审中的不合理现象向学校荣誉委员会进行申诉，并对违反荣誉准则的行为进行调查审理，向校方提出惩处建议。学生对学校荣誉授予过程中存在的疑问与不公平均可向权益保护办公室进行申诉。

（五）各二级学院（部门）党政联席会作为本单位的学生荣誉评审机构，具体名单由各二级学院、各部门报学校荣誉评审办公室备案。党政联席会负责评审本单位学生荣誉工作，包含审议各类荣誉称号，确定评选名单，负责研究处理各类荣誉称号评选过程中出现的特殊情况，荣誉台账的建档工作。

第三章

新时代应用型高校大学生荣誉体系构建路径探析

第一节　荣誉体系的价值意蕴与设计思路

一、学校荣誉体系建设中的误区

学校荣誉体系建设的目的是繁荣和发展校园文化，规范对学校各类荣誉项目的管理，加强学校荣誉体系建设，充分发挥各项荣誉的激励和引导作用，但学校荣誉体系建设中也存在如下误区。

（一）荣誉设计缺乏特色

社会的发展和教育制度的不完善，导致荣誉设计在教育中慢慢失去个性，失去个性的荣誉也失去了特色，跟不上时代的发展。荣誉设计局限于奖学金、优秀个人、优秀组织等，缺乏多样性和创造性。荣誉设计千篇一律，缺乏对个性化应有的尊重，制约了师生潜能与优势的发挥，影响了学校荣誉的激励效果。学校荣誉个性的缺失，直接影响着学校荣誉体系建设的质量。

（二）荣誉设计缺乏有效载体

荣誉设计在数量和质量上都有一定欠缺。主要表现为缺乏有效的载体，而载体主要是围绕广大师生的文化活动展开的。在文化活动中存在的问题有：活动经费支出不足，不少社团组织或单位几乎没有这方面的预算经费；前期策划准备不充分；活动内容形式陈旧、缺乏创新性和时代性，这些原因导致师生无法从中获得预期的价值提升和素质锻炼，也就使学校荣誉的效果失去了应有的意蕴。

（三）荣誉设计激励不相容

评价与回报机制存在不合理的方面，导致出现激励不相容现象。激励不相容表现为荣誉设计激励机制的扭曲。例如，在竞争资源有限的条件下，导致较低职称的教师晋升机会少，而且利益与机会分配以学历高低为标准，或以科研成果多寡为转移，对于扎扎实实做学问，兢兢业业搞教学的教师来说极不公平。在这种情况下，教师片面地追求高学历、高职务、高职称，忙于应付各种考核，把相当一部分精力放在满足这些指标上，从而忽视了实际能力的培养和发展，造成的结果是劳动报酬与劳动贡献发生偏离，影响了员工的工作态度，甚至出现怠工、出工不出力、出力不出活等现象。

（四）荣誉设计缺乏灵活性

奖励形式简单，针对性、灵活性和持续性差，导致激励投入产出低下。奖励整体有效性的高低是多元变量的综合结果，要求物质奖励和精神奖励相协同。然而，目前学校奖励主要以物质奖励为主，至于精神奖励则不仅内容单调，极大程度上也是例行公事，如评先评优轮流坐庄，或谁评职称谁优先。精神奖励缺失降低了教师精神需要的满足程度，而这反过来又会强化精神需要，导致物质奖励效应递减。此外，教师具有良好工作表现，甚至取得重大成果，通常等到期末或年终集中总结，统一表彰。绩效与回报间隔期长，不利于将教师行为有效保持在学校发展需要范围内，也容易造成奖励本身形式化。

（五）荣誉设计比例不协调

学校荣誉体系共分为两个层次，即学校荣誉和部门荣誉。从级别上分为国家级、省部级、校级和部门级荣誉。从荣誉授予对象上分为集体荣誉和个人荣誉。而各个层次和级别的荣誉存在比例不协调的情况。例如，在校级荣誉体系中，集体荣誉项目数仅为个人项目数的三分之一。因此，集体荣誉项目数过少，在一定程度上限制了集体荣誉感的培养。学校荣誉涉及的国家级和省部级项目数基本持平，但绝对数量有待增加。荣誉体系建设应加强国家级和省部级荣誉项目的拓展，进一步提高学校在国内的影响力。此外，学校荣誉体系涉及全校的各个基层组织和部门，不应被几个部门所包揽，在总数中占据大部分的比例，这不利于全校整体的健康发展与进步。

二、学校荣誉体系建设的价值意蕴

学校荣誉体系建设不仅有一定的理论意义，而且在现实中更有一定的实践价值。其价值意蕴具体可以表现在以下几方面。

（一）有利于增强学校的核心竞争力

荣誉体系可视为一种道德规范，一种价值诉求。学校荣誉体系建设是学校党政建设中极为重要的一个环节。通常将荣誉体系建立与校园文化建设、师德建设开展相结合，鼓励师生积极向上，追求自身成长，进行主动学习。学校荣誉体系建设也是在向师生灌输校园文化，可以加强团队的向心力。学校荣誉体系建设使教师和学生在一个良性的学校环境中健康发展，他们的工作、学习会更加有动力、有目标。教师和学生都需要和谐舒适的学校环境，需要良好的个人发展平台，更需要受人尊重、被人肯定。精神激励、榜样激励作为激励的方式，都是学校荣誉体系的一部分。同时，学校荣誉体系建设有利于加强学校师生员工的集体荣誉感，增强集体凝聚力。因此，学校荣誉体系建设在很大程度上增强了学校的软实力，从而更加有利于提高学校的核心竞争力。

（二）有利于真正体现“以人为本”的管理理念

“以人为本”作为一种重要的管理理念，已被广大学者倡导和认可。但现实中有很多学校却未真正落实“以人为本”的理念。对于学校而言，只讲精神、讲奉献是完全不够的。对于教师和学生也是一样，要想让他们在工作中付出努力、做出贡献，也要多为他们考虑，想办法激励他们。荣誉体系是校园文化建设中最为重要的一个项目，体现了学校对师生的充分信任和尊重。因此，学校荣誉体系建设有利于真正实现“以人为本”的管理理念。

（三）有利于学校制定独具特色的发展战略

校园文化体系建设能够突出学校的特色，形成学校成员共同的价值理念，有利于学校制定独具特色的发展战略。学校发展战略制定以后，需要全体师生员工积极有效地贯彻落实，而校园文化体系建设具有导向激励、辐射和凝聚等功能，有利于激发师生员工的工作和学习热情，促使全体师生员工为实现学校的目标而努力奋斗。

（四）有利于激发师生员工的积极性

荣誉是对劳动的一种尊重，是尊重劳动、尊重知识、尊重人才、尊重创造的具体体现。学校荣誉体系的建设有利于调动师生的积极性、主动性和创造性。学校荣誉体系的建设是对创造性劳动的认可和肯定。合理的荣誉体系必将激励有理想、有抱负的师生加强学习，加强修养，恪守职业道德，弘扬优良传统，努力攀登艺术的高峰；与此同时，合理的学校荣誉体系也有利于扩大学校的社会影响力。

（五）有利于引领集体价值观念

学校荣誉体系可以通过荣誉设计引领师生的组织价值观念，还可以通过荣誉设计来培育良好的组织价值观和组织文化。学校管理实践证明：价值观需要靠激励来引领，观念需要靠自我修养来提升。依靠学校荣誉体系奖励是合乎人文精神的。荣誉要保证能够提供符合人文精神的谋取效益的方式和行为，避免师生员工的价值观念消融在追求个人利益最大化的恶性循环中。只有通过良好的学校荣誉设计，学校管理才能最大限度地提升组织成员的道德追求。因此，学校荣誉设计要以积极正确的价值观念激发学校组织成员的积极性，并以学校师生员工的行为来铸造良好的校园文化氛围。

三、学校荣誉体系建设的有效实施

需要遵循一定的应对不确定性的权变调适策略。调适策略体现在以下几个方面[3]。

（一）观念先导

树立集体和个人荣誉感。学校要做好荣誉体系建设的推广工作，使学校荣誉深入人心。让广大师生了解学校荣誉体系的基本内涵，选择适合自己特点、自己能够做到的方面去努力，这样更有利于发挥师生的潜能，使其有目的地寻找适合自己的发展方向。另外，通过树立荣誉感，能够帮助学生端正争取荣誉称号的态度，防止师生产生为获得荣誉而背离荣誉内涵的价值理念。

（二）加强领导

形成工作合力。学校成立"荣誉体系建设管理委员会"。由校领导任正、副主任，成员由教务处、学工部、人事处、后勤管理处、校工会、校团委等部门主要负责人以及教工、学生代表组成。荣誉体系建设管理委员会下设秘书处。按照归口管理的原则，由相关部门负责具体评价标准的制定及组织评选等工作。校内各项荣誉的设立和认定需经相关部门申请、荣誉体系建设管理委员会研究认定后，纳入学校荣誉体系。只有通过各部门的通力合作，形成工作合力，学校荣誉体系建设工作才能够顺利有效地进行。

（三）制度保障

建立相应的辅助体系。学校荣誉体系的顺利执行并产生积极的作用，需要学校建立相应的辅助体系，支持学校荣誉体系建设，如确定各类荣誉的级别，审定各类荣誉的设置、评价标准和评审程序等方面。同时要明确荣誉名称、评定范围和条件、奖励数量、评定周期、申报流程、评审机构的组成以及表彰形式等。通过完善的制度措施保障学校荣誉体系的建设[2]。

（四）科学评价

建立科学的荣誉评审机构。学校应成立专门的荣誉评审组，进行荣誉称号授予的最终裁定。同时还要成立由师生组成的资格审查组，该机构负责对参评人申报材料的真实性、基层评比程序的合理性、评比结果的公开性和透明性等进行审查。荣誉项目评定工作要坚持公开、公正、公平的原则，突出不同群体和工作的特点，形成完善的荣誉评价体系和规范。这样有助于实现评审过程的公正、公开、公平，保证荣誉称号授予的价值性。

（五）技术支持

建立荣誉称号电子档案。对荣誉称号进行档案管理，可以准确考察师生在一定时期内所取得的各类荣誉称号的情况。建立学校荣誉档案，各项荣誉都可以记入个人档案。同时建立学校荣誉网上电子系统，方便荣誉体系和获奖记录的查询。这样更有利于对荣誉获得者产生重大的积极影响。

（六）强化机制

对荣誉称号要实施动态管理。建立荣誉项目的进入和退出机制，对其实施动态管理，以保持其实效性。首先，学校荣誉体系建设是一个循序渐进的过程，而且要适应环境变化不断进行调整。其次，在动态管理过程中要注重实证调研，准确掌握师生的思想状况、行为变化等情况，为正确设立学校荣誉体系提供决策依据。再次，调整荣誉称号要兼顾社会发展的需要，引导学生跟上社会经济发展的形势，提高自身的适应能力[3]。

学校荣誉体系建设是时代发展的需要，也是学校培养高素质人才的需要。相信通过我们不懈的努力和探索，一定可以构建一套完善有效的学校荣誉体系。

第二节　构建大学生荣誉体系的原则与路径选择

习近平总书记在党的十九大报告中明确指出，中国特色社会主义进入新时代。新时代构建大学生荣誉体系，是高校“以人为本”理念的体现，是激发学生各方面潜力的需要，是社会快速变迁发展的需求。新时代构建大学生荣誉体系要遵循系统化、层次化、可操作性原则，积极整合利用资源，荣誉类型丰富多元；建立科学的荣誉评审体系，引导学生全面发展；凸显鲜明的育人理念，激发学生积极进取的路径构建高校大学生荣誉体系。

党的十九大报告明确提出：加快一流大学和一流学科建设，实现高等教育内涵式发展。高校是培养社会精英人才的摇篮，高校的发展质量决定了人才培养质量，一所高校的全面发展，最终要体现在大学生的全面发展上。大学生荣誉体系是高校学生管理工作内容的重要组成部分，对于激励大学生以饱满的热情更好地开展学业、就业和生活等方面工作，从而促进大学生成长成才和全面发展具有重要的推动作用。

一、新时代构建大学生荣誉体系的重要意义

小诺布尔·坎宁安（NobleE.CunninghamJr.）在1991年的《杰斐逊传》一书中曾介绍，弗吉尼亚大学学校创始人、曾任美国总统的托马斯·杰斐逊的民主思想是荣誉体系的较早起源。荣誉体系在我国高校较早的运用是在军事院校，随着我国高等教育事业的发展和学生综合素质能力提升的需求，荣誉体系在国内高校学生培养中的促进作用不断发挥。荣誉是指社会、集体对一个人的道德行为具有的社会价值作出的肯定及个人从社会肯定中获得的精神满足。[1]荣誉可以分为集体荣誉和个人荣誉，个人荣誉是集体荣誉的凸显和重要组成部分，集体荣誉是个人荣誉的最终整合和归属。荣誉具有强烈的激励作用。美国著名心理学家、行为学家马斯洛的需要层次理论将自我实现的需求作为人类最高层次的需求，而荣誉是一个人付出努力和贡献的重要标志，是鼓舞人心，激发人内在动力的终极激励手段。

（一）新时代构建大学生荣誉体系是高校“以人为本”理念的体现

习近平新时代中国特色社会主义思想是马克思主义中国化的最新理论成果，是中国特色社会主义理论体系的重要组成部分，体现了坚持以人民为中心

的根本价值旨向。在高校教育中，以人为本，学生是主体。高校以人为本，要坚持一切为了学生，为了一切学生，为了学生一切，真正做到全员全方位育人，培养德智体美劳全面发展的大学生。在加强大学生理想信念教育，提升思想理论素养的同时，要因材施教，培养大学生的表达沟通、团结协作、实践创新思维能力，这些能力的培养需要从满足学生内在需要、激发学生内在力量的角度出发。因此，激励是每位高校管理者都必须学习并且掌握的一门管理艺术和能力。在实际工作中，高校管理者要了解学生的内在需求，突出人文关怀，采取多种措施和手段建立覆盖面广的荣誉体系，鼓励学生多参加和组织各项活动，并从中获得师生认可、实现自我价值，真正体现以学生为本的管理理念。

（二）新时代构建大学生荣誉体系是激发学生各方面潜力的需要

心理学家威廉·杰姆士曾说过："人性最深切的需求就是渴望别人的欣赏。"大学时期是大学生的世界观、人生观、价值观形成的关键时期，自我意识也日趋完善和逐渐成熟。大学生自我意识的形成和发展不是与生俱来的，而是通过一系列的社会活动逐渐形成并趋于成熟的。大学生在学校里，通过组织和参加各种社会化的活动，逐步建立自我意识进而实现自我意识，学生也会在这些活动过程中，将理想自我与现实自我进行对比，并且通过活动表现以及取得的成果来认识和检验自己。科学有效荣誉体系的构建有助于激发学生内在的各方面潜力，充分发掘学生的个性、特长和能力。

（三）新时代构建大学生荣誉体系是社会快速变迁发展的需求

习近平总书记在党的十九大报告中明确指出，中国特色社会主义进入新时代。随着经济全球化的深入推进、"互联网+"时代的到来，社会发展日新月异，生产方式和人类的思维都在不断变革之中，新时代和新社会对于人才需求发生了变化。高校是培养交叉复合型创新高素质人才的重要场所，为了适应社会的变革，需要采取有效措施在人才培养目标方面进行相应变革。例如，应运而生的无人售票车、无人超市、无人售卖等都需要人的极大自觉和自律性，对整体社会的道德建设提出了极大的要求。

二、新时代构建大学生荣誉体系的原则

科学合理有效的高校大学生荣誉体系的构建，涉及大学生学习、生活、就业、素质和综合能力提升等方方面面，要遵循一定的原则，才能使激励作用发挥到最大化水平和功效。

（一）系统化原则

高校大学生荣誉体系应该是系统、全面、完整的，而不能是随心所欲、杂乱无章、片面的。构建高校大学生荣誉体系要结合学校的实际发展、人才培养的定位、学生教育教学基本情况等，进行提前梳理和科学合理规划，从而建立一个符合学生身心发展特点、能为学生成长成才提供助力的全面、完整、稳定的体系，不能心血来潮，随时随地设置一个荣誉。构建我国高校学生荣誉体系应从荣誉的特点、大学生的学习规律、生活规律、心理特征、社会环境等方面综合考虑，在现有高校学生荣誉体系的基础上，设计、补充新的荣誉，使高校学生荣誉体系涵盖全面，尽可能满足大学生精神激励的需求。[2]科学系统的大学生荣誉体系还应随着时代的不断发展和学生的时代特性及时地调整和变更。例如，随着“互联网+”时代的来临，社会需要更多创新型人才，高校要结合时事发展，增设创新创业类荣誉奖等，调动学生的创新创业积极性，激发学生的更多新思想、新灵感。

（二）层次化原则

高校大学生荣誉体系要建立在满足学生多元化发展需求的基础上，体现层级和梯度。荣誉体系中的各项荣誉不能只是单纯的指标数量的叠加，而应该体现梯度层级，获得荣誉的难度系数也应该从低到高，有所差别，不能太难，这样会打击学生努力奋进的积极性；也不能过于简单，否则会导致学生不珍惜荣誉，丧失获得荣誉的认同感。只有科学合理地设置有层级的难度系数，才能最大限度调动学生获得荣誉的积极性，以适应大学生不同层面的发展进阶，使学生得到全面发展和多元升华。荣誉体系中的荣誉奖励也要有层次化，根据学

生获得荣誉的难易程度有所差异，奖励最理想的状态是实现物质和精神相结合，从而激发学生的兴趣，触发学生为争取荣誉而获得更全面提升的动力，在此过程中，实现学生自身能力的提升和学校事业的发展。

（三）可操作性原则

高校大学生荣誉体系的构建要具有可操作性，否则就失去了意义和价值。因此，高校在构建大学生荣誉体系时，要切实从学校长远发展的目标和大学生实际状况出发考量，从正面和反面两个维度思考问题，荣誉体系的构建要通过一定的方式和手段，可以操作和评定，对应的评定体系要做到公开、客观、公平、公正，杜绝人情因素和人为操作，真正使所构建的荣誉体系符合学校和学生的实际，能上能下、动态管理，更好地发挥荣誉体系应有的激励推动作用。

三、新时代构建大学生荣誉体系的路径选择

（一）积极整合利用资源，荣誉类型丰富多元

高校要善于利用和统筹校内、校外资源，拓宽大学生荣誉体系的设立主体，不能只局限在校内和学院内，要更多利用社会资源，鼓励和吸引政府机关、社会学术机构或者优秀校友和企业，针对学业成绩较好、个人品质优良、对学校和社会的支援服务工作有所贡献，或者在创新创业方面能力突出的学生设立专门的荣誉，从而鼓励学生多元发展，使校外荣誉成为校内荣誉的有效补充，增强社会对高校的“投资”意识。

（二）建立科学的荣誉评审体系，引导学生全面发展

美国哈佛大学在学生荣誉评定过程中行政色彩较淡，管理部门虽然需要汇集信息和组织协调，但一般没有决定权，荣誉往往由各专业教师评定。这样的评定结果更加客观，也更具说服力。[3]我国高校在建立荣誉评审体系的过程中，可以加以借鉴。高校应成立专门的大学生荣誉体系评审小组，评审成员中既要

有知名的教授、一线教师、相关部门管理人员，也要有主要的学生干部。在一些重要专业学习荣誉评选过程中，要加大知名教授和一线教师的人员比重，因为这些人员通常是所在学科领域的专家代表，他们的参与对于引导学生更加注重专业学习、重视科研创新、提升全面素质具有重要的激励和促进作用。评审小组中要吸纳学生干部参与，因为学生干部更容易直接接触学生，他们对参评人员申请材料的真实性可以更好地判断，能在一定程度上避免信息不对称问题，有助于实现评比过程的合理性，评审结果的公开、公正、透明化。评审过程不能全部依靠申报材料，可以采取集中评审、公开答辩、演讲、网上集中投票等相结合的方式，采取多元化形式，确保评审结果的科学性。

（三）凸显鲜明的育人理念，激发学生积极进取

高校大学生荣誉的评定是为了更好地发挥激励和认可作用，评选并非最终目的，要通过荣誉的评定挖掘、培育和宣传典型，发挥榜样示范和朋辈引领作用。因此，高校大学生荣誉评选结果出炉，要注重对荣誉的表彰和宣传形式。高校要不断完善和丰富荣誉的表彰形式，不能仅仅局限于总结和表彰大会、颁发荣誉证书、发放奖金等形式，可以让一些较高荣誉出现在个人成绩单或者毕业证上，发一些带有学校标志和荣誉特征的专属纪念品，邀请社会或者学科领域知名人士出席颁奖典礼并与学生座谈交流，让学生感受到激励和认可。在荣誉的宣传方面，要结合新媒体“互联网+”时代的新特征，采取学生喜闻乐见的方式，利用学校网站、微信公众号等宣传平台，宣传获得较高荣誉学生的先进事迹。还可以组织不同类型获奖同学在校内开展先进事迹报告会，现场分享他们的所学所得所获，激发学生获得荣誉的自豪感，更加端正争取荣誉的态度，清晰理解荣誉所包含的价值理念，明确自己下一步努力的方向，可以使未获得荣誉的同学，找到努力奋斗的方向，激发学生内在潜能，从而更好地发挥荣誉在校园的榜样作用和在朋辈之间的示范带动作用。

第三节　基于大数据的高校学生荣誉体系构建路径思考

作为高校教育管理工作的关键内容，学生荣誉体系能够激励学生自我成长，促进其全面健康发展，进而实现高校的育人目标。在大数据时代，高校教育管理工作已越来越离不开基于数据的分析与决策，如何利用大数据的科学决策，构建高校学生荣誉体系是高校教育管理工作应该关注的重点。该文首先介绍了高校学生荣誉体系及其现存的主要问题；其次分析了高校学生大数据及其在教育管理中的作用；最后重点探讨了基于大数据的高校学生荣誉体系的构建路径。

一、高校学生荣誉体系及其现存的主要问题

授予荣誉是一种终极激励方式，是组织管理中的重要内容，其能通过表彰优秀、树立典型、经验推介等来激发、鞭策荣誉获得者不断进步，并对组织内的其他个体产生感召力，最终激励整个组织以高积极性实现组织的特定目标。

高校学生荣誉体系，就是高校基于激励理论进行科学有效的教育管理，促进大学生自我成长、全面健康发展，进而实现教育目标的教育实践行为。完善有效、科学合理的高校学生荣誉体系，能更好地调动学生的主动性，使其成长为对国家和社会有用的高素质人才。

分析当前我国高校学生荣誉体系，尚存在以下两方面问题。

在荣誉覆盖领域方面：一是很多荣誉称号都更多地强调综合性，像“三好”“优秀”“先进”等基本都是从整体来考察、评价学生的综合素质，从而忽略了部分有专长的学生，在某方面有特殊才能的学生更是难以得到激励；二是很多荣誉称号都比较空泛、指向不明，针对性强的相对较少，更缺乏对大学生的个性化激励；三是过于注重学生干部的组织、表达等工作能力，而对其奉献精神、团队精神、思想品德等方面的激励有所欠缺；四是集体概念相对封闭，荣誉也比较单一，覆盖的学生活动范围较小，缺乏一定的开放、融合观念，对基于兴趣特长自由组合的团队激励不足。

在荣誉评审机制方面：一是现有的荣誉奖励，一般包括发奖金、加学分、授予证书等，学生更倾向于发奖金、加学分以及其他利益相关的奖励，如丰富自己的毕业简历等，而没有将其与思政教育相结合，使得一些荣誉项目流于形式，降低了激励的效应；二是现有的荣誉评审方法，很多受传统观念的影响都仍停留在一个小圈子、小范围以内，使得评审结果不够客观、公信力不强；三是现有的评审过程，缺少学生的全面参与，也不注重学生个体发展的延续性与过程性，更没有将评审工作本身视为一种教育的过程。

二、高校学生大数据及其在教育管理中的作用

所谓大数据，即指体量巨大、难以在短时间内使用传统软件工具进行采集、存储、管理及处理的数据集合，是需要经过全新的处理模式才能具备强决策力、洞察力及流程优化力的数据资产。对于大数据，目前业界尚无统一的定义，但普遍认同大数据的“5V”特性，即数据体量大（Volume）、数据类型多（Variety）、处理速度快（Velocity）、价值密度低（Value）、真实程度高（Veracity）。大数据更重要的价值，则在于其带来的思维方式的转变——人们在科学分析中开始针对全集数据而非抽样数据；数据分析的效率成为核心而不

再追求高精确性；开始转向关注事物的相关性而非因果性。

进入大数据时代，高校数据呈几何级数增长。高校学生大数据记录了每一名大学生整个大学生涯在学校所有信息管理系统中留下的足迹。一名学生的核心数据包括身份信息、学籍信息、档案信息、选课信息、奖惩信息、活动信息、住宿信息、资助信息、一卡通信息、毕业信息以及附加信息等，对各种核心信息还可以继续细分，做更细致的记录[3]。

高校学生大数据的建设，有利于将高校学生管理者从繁重的日常事务性工作中解脱出来，将目光转向更具价值的数据的挖掘，通过运用先进的大数据分析方法，进行综合性、过程性的分析，进而从海量数据中挖掘出大学生各行为间的内在联系，并思考其背后的逻辑，可以帮助其做出更科学合理的管理决策。

基于大数据的科学决策，是高校教育管理工作现代化的关键与标志。随着高校教育管理工作越来越离不开基于数据的分析与决策，“用数据说话”的趋势越来越明显，构建基于大数据的高校学生荣誉体系则是一个极有意义的尝试。

三、基于大数据的高校学生荣誉体系构建路径

基于大数据的高校学生荣誉体系可以从以下几方面着手构建：

首先，从组织、数据、技术三个维度对高校学生数据资源本身进行整合。在组织维度，要整体规划、统一部署，使各层级的学生管理部门相互配合、上下联动，强化组织管理体系，建立全局性的共享数据中心，使学生管理工作实现资源优质整合、核心数据共享的常态化，避免信息孤岛、数据碎片化以及数据资源浪费等问题。在数据维度，要将大量分散的、类型多样的数据资源进行集成整合，确定数据的移交、归档范围，区分基础、核心及从属数据，通过全方位的分析，形成统一的高校数据应用模式，使数据从源头就确保其一致性与

准确性，做好数据的质量与安全管理，重点存储招生、教学、就业、财务、党政等有极高潜在价值的数据。在技术维度，互联网、大数据、云计算等新型IT技术为数据量暴增而数据利用率低、存储分散且数据一致性差、基础设施投资大、维护成本高且使用效率低等问题提供新的思路与技术支撑，通过云计算的三层服务模式——基础设施即服务（IaaS）、平台即服务（PaaS）、软件即服务（SaaS）构建统一的高校学生大数据平台，平台可分为三层：基础数据层主要用于系统公共数据的统一存取，如学生的身份信息等；业务支撑数据层主要用于各子系统的数据利用，如学生的学籍信息、选课信息等；决策管理层则是真正为“数据驱动决策”服务的平台。通过这三个维度的数据整合，增强各部门间的协作关系，获得统一、规范的数据，是真正利用构建高校学生荣誉体系的基础。

其次，建立大数据决策模型，全面、实时、动态地把握学生的整体情况。从全校、院系、年级、专业、班级逐级考察，从整体—个体、宏观—微观，高校学生大数据平台可全方位、立体化地展示全校学生在校期间的动态行为。一方面，高校可基于此平台反映的学生详细信息与潜在动向，完善高校学生荣誉体系自身的设计，包括了解当代大学生群体的独特性与个性化，明确不同个体发展目标的多样性，实现荣誉表彰的多元化；在注重不同个体横向差异的同时，关注同一个体不同时期的纵向变化，重视荣誉表彰的过程性；此外，还要丰富荣誉激励的手段，最终促进学生的全面发展与个性发展。另一方面，高校可基于此平台克服以往学生管理工作（包括荣誉评审工作）中的盲区，通过充分利用学生日常的电子行为数据，包括校园卡考勤、晨练、消费、就餐、借书、上网等数据，建立大数据的异常预警与决策模型，如学业预警、不在校预警、贫困生预警、网瘾预警等，及时关注曾因学生人数众多而长期忽视了的、难以兼顾的各类问题，为教育引导、荣誉评审提供参考。

最后，利用大数据进行科学决策，确保荣誉评审工作的公平、公正、公开。第一，高校荣誉评审机构要基于荣誉子平台对评审的荣誉项目、评定范围与条件、评定流程与周期、表彰形式、评审机构组成等进行公示，并鼓励全体学生积极参与评审的全过程，使评审机制更加规范、透明、合理。第二，要对拟参评对象的信息进行公示，尤其是与荣誉评审相关的学习成绩、奖惩信息、干部经历、社团活动、政治面貌、科技成果、财务信息、消费信息等，接受全校师生的监督，并设置答疑及处理环节，使评定结果获得普遍的满意与赞同。第三，要在荣誉子平台对评审结果进行大范围的公示，做好荣誉称号的宣传工作，以激发其他学生比、学、赶、帮、超的热情，调动其积极性；同时做好学生荣誉的管理工作，建立学生荣誉档案，以长期地、延续性地考察一名学生的大学生活，为毕业时的总体评价提供依据。第四，高校可结合学生大数据平台显示的真实信息，兼顾社会经济发展的形势，对荣誉称号实施动态化管理，通过荣誉项目的进入、退出机制，以适应时代、环境以及学生思想与行为的变化情况，确保荣誉激励功能的实效性。

综上所述，构建基于大数据的高校学生荣誉体系，是大数据时代高校教育管理工作面临的一个全新课题。这是一个需要用心筹划、精细设计、认真落实，并在实践中逐步改进的过程，因此需要所有教育管理工作者长期不懈的探索与努力。唯有如此，才能构建出一套既符合时代发展，又满足高素质人才培养需要的完善有效、科学合理的高校学生荣誉体系。

第四章

基于荣誉文化素质教育的高校校园环境建设

第一节　素质教育的概念及其发展历史

一、素质教育的概念

素质，是一个经典的教育学、心理学概念。所谓素质，就是人在先天禀赋的基础上，通过环境和教育的影响所形成和发展起来的较为稳定的、内在的、基本的品质。它既指可以开发的人的身心潜能，又指社会发展的物质文明和精神文明成果在人的身心结构中的沉淀和内化；既指人的个体素质，又指群体素质。这一界定包括下面三个层面的含义。

第一，素质是指人的身心组织的要素、结构及其质量水平，它包括三个层面：一是生理层面，即在遗传基础上形成、发展起来的生理解剖特征和生理机能。它表现为“人身的自然力”，是素质结构中的物质方面。二是心理层面，即人的心理品质。它是在认识、情感、意志过程中表现出来的认识、兴趣和能力，如社会适应与情绪调控能力，自我意识与意识品质等，是人的生理组织结构，特别是人脑的一种特殊机能。三是社会文化层面，即以人的生理组织结构为物质载体，并经过内在心理过程而形成的社会文化素养。它是人的素质的基本内容，是“人的本质力量”的集中体现。它不仅给人的心理素质打上了社会烙印，而且使人与生俱来的自然素质得到社会性改造，又与动物的本能相区别。

第二，人的素质具有内在的、相对稳定的特点。所谓内在的特点，是指主体自身所固有的本来性质。人的潜能、智慧、气质、性格、品质、情操等内在的素质构成人自身的内部世界，它与外部的实在世界（物质世界和物化了的精神产品）和介于这两者之间的行动世界相区别。人的行为本身并不是人的素质，但它却是素质的外部表现，有什么样的素质，就会有什么样的行为表现；同时，人的素质只能在行动中尤其是在社会实践中形成和发展起来。素质是人的属性的组成部分，并不是人的属性的全部。人的社会地位、经济收入、年龄、相貌等外在属性，并不是人的素质。所谓相对稳定，是指人的素质一旦形成，便会以较为固定的行为方式、价值观念表现出来，相对持久地影响和左右着人对外界和自身的态度。因而，也有人将人才的素质概括为对自然、对社会、对他人以及对自身的态度。著名物理学家劳厄曾说过："重要的不是获取知识，而是发展思维能力。素质就是把所学的知识忘光后剩下的东西。"那种未经过主体内化的、偶发的、不稳定的行为方式、思想观念并不能构成人的素质。相对稳定，绝不是凝固不变，而是说，这种改变常常需要一种从量变到质变的发展过程。

第三，人的素质是自然遗传与社会文化历史交互作用的产物。先天的组成部分，是人的整体素质赖以生成的基础。同时，人的素质绝不是一个纯自然的、纯生物的实体，它同样是整个人类不断进化、社会长期演变的结果，是社会历史文化的产物。正是现实的社会实践唤醒了自然历史进程赋予人的各种潜能素质，使之获得充分发展，使人的天赋融合进社会文化的素质之中。离开一定历史条件的社会实践，自然历史进程赋予人的各种潜能，只能"沉睡着"或逐渐萎缩乃至泯灭。社会历史文化决定素质的性质，在不同历史时期，人的素质内容各不相同。

二、素质教育的发展历史

什么是素质教育，学术界目前尚无定论，但基本可分为两个方面：一是从词义的角度认为，素质教育是以培养学生素质为主旨的教育；二是从哲学的角度认为，素质教育是以学生为主体的注重主动性与创造性的教育。二者都注意到了素质教育的主体性本质，强调了素质教育是以主体为本位的教育。以主体教育为本位是与以社会性教育为本位相对而言的。所谓社会本位教育，是指它立足于个体的人与社会发展的整体水平存在的矛盾，力求通过教育把个体的人提高到社会要求的水平。这种教育虽然也以个体存在的人为对象，却抹杀了不同主体的差异，使用整齐划一的教育模式和方法，培养同一模式和类型，同等程度的社会化、文化化的人才，缺乏个性创造性的学习和充满自信的个性发展。这种以牺牲主体性的自我发展为沉重代价的教育方式，不可避免地埋没了部分人才，特别是优秀人才，而且使大部分学生的发展无法实现社会要求的目标。

我国古代最早的素质教育起源于夏代，繁荣于西周的“六艺”教育。所谓“六艺”，是指礼、乐、射、御、书、数六种技艺。“六艺”教育包含多方面素质教育因素。它既重视思想道德修养，也重视文化知识学习；既注重传统文化，也注重实用技能；既重视文事，也重视武备；既倡导礼仪规范，也要求内心情感修养。在儒家思想长期居支配地位的中国各历史发展阶段，“六艺”教育都产生过深远的影响。它包含的内容符合教育规律的历史经验，即使在今天，也有许多可供借鉴之处。

20世纪80年代以后，在教育改革和发展进程中，我国教育界提出了新的素质教育的概念。尤其是在20世纪90年代初期，素质教育的思想逐渐在大学教育中引起重视。部分大学自发地结合教学改革和人才培养模式的探讨，逐步推行素质教育。这一阶段的素质教育注重加强人文知识的传授，但对知识如何内化、提升为素质等具体问题还没有进行深入探讨和特别关注，以至于有人提出了“增设几门人文课程是否就是素质教育”的疑问。20世纪90年代中后期，经过教育思想、教育观念在全国范围内的大讨论，素质教育思想在大学教育中得到了充分肯定。这一时期，在人才培养目标方面，大学教育更加强调知识、能力、素质的相互结合；在教学内容上，进一步加强人文教育，注重人文教育和科学教育的融合，强调通过专业教育来提高学生对真善美的认识；探索出“显性课程、隐蔽课程、活动课程”相结合，知识传授与个体内化相结合的有效途径。目前，加强大学生素质教育的工作进入深层次研究和全面实施阶段。突出文化素质教育，强调面向未来，培养创新精神和创造能力，增强社会适应能力，成为当前大学素质教育的重点内容。构建合理的课程体系、发挥教师的能动作用、策划组织社会实践活动、优化校园文化环境等实施途径的多样化，成为当前大学素质教育的显著特点。

第二节　大学文化素质教育

一、当代中国大学生文化素质教育的特征

文化素质又可称为“社会文化素质”，即主体后天习得的文化素养，在素质结构中居于最高层次，又表现为人的外层素质。主要包括科学素质、政治素质、道德素质、审美素质、劳动素质等。客观环境与教育的影响对社会文化素质的发展和提高尤为重要，因此，人的社会文化素质具有明显的变动性，敏锐地折射着环境的变化和教育的影响，并且具有鲜明的时代特征。

素质的外在表现形式分为三个层面。第一个层面是作为主体精神存在方式的社会文化精神。素质的最高层次的外在表现形式的最高层面，就是主体内含着的沉淀于主体内在心理结构中的稳定的社会文化精神。这种社会文化精神因主体及其所处社会环境和历史背景的差异而有所区别，即印证着素质的历史

性、社会性、民族性等本质特征。第二个层面是作为素质外化形式的能力。第三个层面是作为素质和能力表现方式的知识。这三者内外统一协调，共同构成了主体素质的梯形结构。知识和能力不是素质，知识的内化和能力的外化促进了文化素质的养成。

在整个国民组成中，大学生是一个具有较高的文化层次和较敏锐的文化意识的群体，是所处时代最先进文化的重要传承者。因此，大学文化素质教育应该具有作为精英素质教育的特殊群体性。

目前，中国正努力开创另一个辉煌的千年，准备迎来一个大发展的机遇，同时，世界性的科技竞争越来越激烈，落后就要挨打的历史教训激励着中华儿女，科教强国成为这个时代的最强音。国家寄予当代中国大学生很高的民族振兴的历史期望，这注定了当代中国大学生具有现代社会发展的时代烙印。因此，又要求中国大学生的文化素质教育应该具有鲜明的时代特点。

中华民族的优秀传统文化精髓深深地根植于中国人的血脉里，中国大学生的文化素质教育不可能脱离具有中国印记的民族性。

以上决定了当代中国大学生的文化素质的最高表现形式，那就是以现代科学精神为主要标志，兼容中国优秀传统人文精神，以追求真、善、美等崇高的价值理想为核心，以人的自由和全面发展为终极目的的中国现代大学文化精神。

二、中国现代大学文化精神的内涵分析

中国现代大学文化精神具有鲜明的时代特点、丰富的内容实质、突出的中国特色，是中国的政治、社会、经济和文化发展的必然产物。同时，它又独立于大众流行文化，具有自己作为精英文化的鲜明个性和特质。中国优秀的传统人文精神和现代科学精神相辅相成、互相融合，成为中国现代大学文化的精神内涵。

（一）现代科学精神

现代科学精神是中国现代大学文化精神的主要标志，是中国传统文化精神的延伸。科学是推动社会发展的革命性力量，“科学技术是第一生产力”。当代科学技术发展最鲜明的时代特征，就是科学技术已经真正成为经济发展和结构调整的主要驱动力，科学和技术的迅猛发展，使得科技、经济、自然和社会等紧密地结合在一起。作为科技的灵魂，科学精神是奠定人类文化的重要基石，科学通过科学精神对人类文化的发展起着巨大的推动作用。今天，科学精神已经跳出了单纯的科学技术研究领域的范畴，扩展为人们在思想意识领域的更大范围内的一种精神。几千年以来，科学精神从未像现在这样为世界各国所推崇。当代中国从未像现在这样重视科学精神。这本身就是世界文明的进步，是一个饱经风雨的伟大民族的觉醒。现代科学精神的内涵是什么？

科学精神首先是一种求是精神。“是”就是真，“是”就是本质，就是规律。“求是”就是求真，就是务实，就是探求本质、探求规律。科学就是认真，科学就是对客观规律最贴近的反映。求是的精神意味着去除浮华和繁杂，也意味着探求和坚持真理的勇气。马克思曾说：“在科学的入口处，正像在地狱的入口处一样，必须提出这样的要求：‘这里必须根绝一切犹豫，这里任何怯懦都无济于事。’”只有真正勇敢的人才能进入科学的神圣殿堂。翻开世界科学的历史，不难发现，无数重大的科学进展无不源于科学家们顽强勇敢的追求真理的精神。

科学精神还是一种创新精神。人类活动中最值得称颂的，是创新；最能体现人的本质特征的，也是创新。“创新是能动的创造，它利用现有的生产要素、科技基础、知识经验，不断进行探索创造，强化人对自然和社会的控制，追求更高的效率和效益。”创新是一个民族进步的灵魂，是国家兴旺发达的不竭动力。科技进步和创新的巨大驱动力，促进了生产力发展质的飞跃，带动着世界范围内经济结构的重大调整和优化升级。创新能力成为国家竞争力和国际地位变化的重要因素之一。以科技创新为例，现代技术革命约90%的成果，源于以科学发现和重大技术发明为特征的原始创新活动。创新精神具有广泛的意义，体现在勇于实践，也体现在主体个性的解放，还体现在突破旧的意识。大学教育阶段不仅仅是专业基础知识的学习积累阶段，更重要的是科学创新精神的养成阶段，学校的目标应当是培养独立行动和独立思考的个人，培养善于实践和勇于实践的个人，培养勤于积累又敢于破旧的个人。

（二）优秀的传统人文精神

人文精神是一种文化的价值标准。中国传统人文精神是组成中国现代文化精神的重要基础。政治精神、道德精神、审美精神、劳动精神等中华民族的优良品质构筑了中国传统人文精神的基石。人文素质体现了一个主体的思想道德素养、价值取向和审美情趣。道德观念、价值观念和审美意识总是以一定的文化底蕴为基础的。人文精神都具有民族性、历史性、可传承性和对现实社会的推动性。五千年中华文明锻造了取之不尽、用之不竭的传统人文宝库，它在我们的历史、哲学、文学、美术、文艺、建筑、园林、习俗诸多载体中浓缩和沉淀着深厚的传统人文精神，体现着中华民族一脉相承的历史文明。很多优秀部分依然根植于中国人的内心世界。在中西方文化碰撞和古今文化交融过程中，通过汲取其他民族的人文精髓，不断整合我们自己的精神世界（内在的）和文化世界，升华为具有中国时代特色的现代人文精神。现代人文精神以道德理性为根本，以内在精神的自我超越和升华为目标，以人与自然的和谐为理想，处处体现以人为本的原则，关注并维护人在现实世界中的价值和意义。它主张以人为本，尊重人的价值、维护人的权利、实现人的目的，体现了人类主体对人生理想和价值意义的追求，是现代中国大学精神文化的核心和灵魂。

爱因斯坦曾说："陀思妥耶夫斯基给予我的东西比任何科学家给予我的都要多，比高斯还多。"世界级的建筑大师贝聿铭说："我时常读老子。我相信他的著作对我建筑想法的影响可能远胜于其他事物。"当我们大力倡导科学精神的同时，决不能忽视人文精神对主体的作用和影响，尤其对思想尚未完全成熟的大学生的文化素质养成而言。

中国优秀的传统人文精神主要有哪些内容呢?

1. 刚健有为、自强不息

刚健有为、自强不息的精神是中国优秀传统人文精神的一个重要方面。《周易》的乾卦《相传》提出“天行健，君子以自强不息”。认为“天”的德行是健运不止。日月星辰有规律地运转，日复一日，年复一年，从不停歇。人也应该效仿它，刚健有为、自强不息。“自强不息”就是永远努力向上，决不停止。这表现了中华民族奋斗拼搏的精神，也表现了一种不向恶劣环境屈服的顽强生命力。中国传统文化强调刚健有为、自强不息，是有其历史根源的。中国古代哲人有一种认识，即认为人生存于天地之间，具有一种能动的精神，只要充分发挥这种能动精神，就“可以赞天地之化育”，而“与天地参”。儒家重视积极用世，刚健有为。例如孔子赞扬“刚毅”，曾子提倡“宏毅”，《中庸》讲博学、审问、慎思、明辨、笃行的治学之道，提倡刻苦好学，不甘人后。刚健有为、自强不息的精神在人的个性修养上，体现出的是人格的独立和强烈的参与意识及使命感，在政治立场上体现出的是一种国家独立、民族富强的志气和骨气。它是人的一种价值标准的体现。这对现代中国大学文化精神的构筑，具有重要的现实意义和与时俱进的时代内容。具体来说，包括以下几个方面。

第一，人格的独立，个性的养成，关注人的自由和全面发展，尊重人、爱护人、发展人、完善人的人本思想。中国哲学有追求“天人合一”的传统，把发挥主体能力，以便与“天”一致，看作是精神境界的升华和完善。如果用哲学眼光，从主客体关系考察这一思想，便可认识到，对主体意识的弘扬是其理论的立足点。以孔子哲学为代表的中国传统哲学从一定意义上说实为“人学”，或称“人生哲学”。其一系列的政治、哲学主张，都以“人”的建构为基本框架，把“人”的建设摆在社会建设的首位。作为这一人本思想的继承和发扬，转型期的当代中国，在要求主体独立性的基础上，更要求主体的差异性，要求主体个性的养成，要求人在发展、完善过程中的自由性和全面性。

第二，培养强烈的社会参与意识和推动社会发展的使命感，是国家至上、民众为先的国家、人民、个人利益有机统一的价值导向。国家至上、民众为先就是强调爱国主义，强调把国家和人民的利益放在一切利益之上，把个人的荣辱置于国家和民族的荣辱之中。从另一角度而言，这是人的一种更加崇高的情感，一种国家情感、民族情感。国家至上、民众为先的人生价值导向经儒家历代弘扬，已经成为中国知识分子一种普遍的人格心理和价值取向。宋代范仲淹在其名篇《岳阳楼记》中将这种“古仁人之心”描绘为：“先天下之忧而忧，后天下之乐而乐。”到后来，它便演绎为“风声雨声读书声，声声入耳；家事国事天下事，事事关心”“天下兴亡，匹夫有责”的普遍社会心理。崇尚气节、讲求情操的传统，培育了中国优秀知识分子和广大人民群众的正义感和是非心，形成了民族的浩然正气。特别是在国家命运多舛、民族生死攸关之时，人民总是以大局为重，知难而进，靠着顽强不屈的精神挽救国家民族于危亡之际。步入21世纪，国家至上、民众为先的价值观，具体体现在强烈的社会参与意识和推动社会发展的使命感上。国富方能民安，国强方能扬眉吐气。

第三，勤劳节俭、自立自强、艰苦奋斗、开拓进取的创业精神。不畏艰辛，勤劳节俭，艰苦创业，历来被誉为中国人的传统美德，它是孕育于劳动人民之中的自强不息精神的朴实流露。世界各地的华人凭借这股精神，闯荡海外，艰苦创业，富及子孙，赢得了和犹太民族比肩的赞誉，就是最好的例证。中国人素来以勤俭为美，浪费为丑，以创业为荣，败业为耻，这是一笔非常宝贵的精神财富。当今中国还是发展中国家，与世界发达国家相比，在很多方面还存在差距，还需要大力弘扬创业精神，尤其是在青年大学生中。

2. 兼容并包、厚德载物

兼容并包、厚德载物的精神是中国优秀传统人文精神的另一主要内涵。《周易》的坤卦《相传》提出“地势坤，君子以厚德载物”，认为大地孕育万物，以博大的胸怀包孕万物，以丰富的养料哺育万物，人也该效仿，兼容并包、厚德载物[4]。“厚德载物”就是要有醇厚的品德，能够包容万物，这体现了中华民族兼容并包的精神和气度。“厚德载物”的思想强调人与自然的关系应该和谐统一，同时强调人与人之间的关系也应该和谐统一，这一思想在中国传统文化中源远流长，宋代张载把这种思想概括为“民吾同胞，物我与也”。

第一，厚德载物的精神体现在人的自然环境观念中。自然环境，是指与人类生存和发展密切相关的各种自然条件的总和。人类的生存依赖于自然环境，人类的活动又影响自然环境，二者共同构成了相互依存、相互影响、密不可分的统一整体。自工业革命以来，人类征服自然、利用自然和改造自然的能力大大提高，社会生产力正以前所未有的速度发展，人类社会的物质财富日益丰富。但历史发展的轨迹同时显示，人类在征服大自然的过程中，既可以改善自然环境，也可以破坏自然环境。伴随着农业文明的发展，地球上大片的绿色植被消失，尘土飞扬的黄土地裸露，蓝天、绿水污染严重，资源迅速减少。严酷的现实逼迫人们反思，人类必须与自然环境和谐共处，坚持可持续发展，建立以环境保护为标志的新文明——绿色文明，经济发展决不能以牺牲生态环境平衡为代价，否则，人类将受到大自然的报复。社会的现代化，是人的全面发展，也是社会与环境的和谐发展，经济发展只是其中的内容之一，而不是全部。其实，中国优秀传统文化历来重视人与自然界的和谐共生，追求天、地、人契合交融，“天人合一”，视自然为生养父母，这是“厚德载物”精神的一个重要方面。古人认为，天地万物是人类赖以生存的物质基础，破坏、浪费自然资源，就是损害了人类本身。故，古代制度对于林、木、鸟、兽等自然资源，都分宫典守，加以保护，并严格规定了捕猎鸟兽、采伐林木的季节。例如，古代制度规定：春夏之交，不准捕猎，夏季不准砍伐，只有待草木黄落时才许伐薪为炭。古代思想家对于保护自然资源非常自觉。《论语》有“子钓而不纲，弋不射宿”，《孟子》强调“斧斤以时入山林”，《淮南子》说“不涸泽而渔，不焚林而猎”。这种爱护自然资源，保护生态平衡的思想非常宝贵，它应当成为现代人文精神的重要组成部分，应当成为文明社会中每一个人的自觉观念。给自然以呵护，与自然和谐共处，让自然资源得以可持续利用，造福人类后世子孙。

第二，厚德载物的精神体现在人际观念上。这包括人与人、人与社会的关系。群体精神和社会道德意识是人际观念的两个基本方面。中国是五千年文明古国，向来有礼仪之邦的美誉，民主、平等、仁义、礼信成为维系人际关系的基本社会道德准则。中国传统文化重视个人的道德修养，重视社会道德教化和以德治国。传统人文崇德重义，主张仁爱，高度重视伦理道德的价值；强调道德教化对促成人性向善、促进社会稳定发展的作用，力主以德治国；强调个人的品德修养，形成了“正人正己，成己成物”“躬自厚而薄责于人”“行有不得，反求诸己”“穷独达兼”“克治”“慎独即不自欺”“见善则迁，有过则改”等诸家道德思想。现代社会倡导的道德，是根植于中华民族优秀道德传统的土壤，又体现着时代特征，是融传统美德与现代美德于一体的现代道德，是充分体现了时代性与历史继承性相统一的新道德。民主、平等、友爱、互助的人与人、人与社会的关系，成为维系和推动我们现代社会健康发展的基本准则。越来越多的人已经意识到，尊重别人，就是尊重自己，维护大众的民主，就是维护自己作为独立个体的权利，给予弱者一份关爱、一次帮扶，得到慰藉的不仅仅是别人，还有自己。

人是社会群体中的人，只有在社会群体中，个人的才智才会得到全面发展，个人的价值才会得以充分体现。从历史上看，正是重群体、讲关系的传统心理，使中华民族的精神力量凝为一体，使“以大局为重，以他人为怀”的情操得以弘扬，使中华民族这个大群体得以稳定发展并壮大。农业经济、工业经济时期，人们崇尚的是个人奋斗精神，在知识经济时代，人们需要的是群体合作精神。凸显个性，并非不需要群体合作，在群体中更加充分地体现自身价值，这是一种新的个体和群体关系。21世纪的事业是群体的事业，21世纪的竞争是群体的竞争。

第三，厚德载物的精神反映在国际化观念方面。“和平与发展”是这个时代的主题。中华民族自古以来就是一个爱好和平、不尚暴力的民族。在《周易》中就有“首出庶物，万国咸宁”、《尚书》中有“百姓昭明，协和万邦”的论述。即使在古代专门论述战争的兵书中也明确地体现出这种传统，如《孙子兵法》说：“百战百胜，非善之善者也；不战而屈人之兵，善之善者也。”主张用非军事的方式和平解决军事争端问题。在历史上，中华民族即使在国力强盛的时候，也是采取“协和万邦”的宽厚态度，很少对外族发动侵略战争。伟大的万里长城明显属于防御性工程，这就是历史的最好见证。

中华民族对其他民族文明兼容并包的精神也有着优良的传统，对外来文明确实能够以积极的态度加以引进、移植和吸收。例如中国现在食用的许多农作物、药用的许多植物都是不同历史时期分别从国外引进的。对于外来的人口、宗教、习俗也是广而纳之的，经过千百年的融合，使之成为中国传统文明不可分割的组成部分。和平共处，共同发展，从国际化观念看中国传统，是极具开放性的，其兼容并包的精神体现得非常明显和深刻。“所谓中国的封闭性，只是它在近代特殊历史条件下的一种表现，它并不是从来如此的。”

三、校园环境与文化素质教育

素质的形成和发展与环境和教育有密切的关系，环境和教育都是可以开发塑造和完善人的素质的。环境与教育在教育目的上具有同等地位。当然，这里所说的环境，是个体所接触的整个生活环境（包括自然环境和社会环境）。笔者有意将环境和教育分开讨论，当然，这种“分开”并不是简单的割裂，素质教育中环境的作用不应该离开教育活动而独立存在，笔者要强调的仅是环境对素质教育的影响和渗透。孟母教子，三迁其居，就是环境育人思想最典型的示例。所谓“近朱者赤，近墨者黑”，就是说环境的影响对人的教育功效。从人本主义的观点考虑，无论是自然环境还是社会环境，对人的“育化”都有着不容否定的积极的重要作用。校园环境既是教育的场所，又是环境育人的地方，和一般环境相比，校园环境具有实施教育的功用性和环境育人渗透影响性双重效能。所以，校园环境的建设，必须严格遵循素质教育规律，在“环境育人”理念的指导下，实现校园功用性建设，将整个校园环境的建设都蕴含在素质教育的氛围之中。将校园的一砖一石、一草一木、一言一行、一举一动都沐浴在素质教育的阳光下。迄今为止，对大学生文化素质教育的认识，特别是具体到校园环境美化建设等具体问题上，还需进一步地探讨和实践。大学生文化素质教育不是今天的首创，也不是昨天的既成，是我们在教育的长河中，顺流而来登乘的木舟。它既是历史的沿袭，又是科学观念、教育概念不断变化和发展的必然。我们在校园环境建设中，既不能拘泥于传统的解释，要敢于扬弃、赋其新意；又不能过于泛化，无所不包，于校园环境建设无助。我们应从个体素质的潜在性与环境育人的渗透性来认识和把握校园环境与大学生文化素质教育的关系。

个体素质的潜在性与环境育人的渗透性是校园环境影响素质教育的重要环节。所谓潜在性，是指人的素质总是存在于每个个体的内部，在外表上不易被发现，它是人的素质所具有的最基本特征……当我们说某人素质好的时候，总是指此人的品行和学习活动或工作方面具有较大的潜在能量。这种潜在能量是长期育化内化的结果，包括环境的渗透影响作用，是一种日积月累的沉淀。从教育的角度看，素质是教育与环境对心灵的塑造，是一种身心组织结构建设改良的塑造。这种塑造不等于知识的存储，也不是学历所能标识的，只有经过主体内化为其身心组织结构的组成部分，而且能持久地发挥作用，这才是素质。素质教育是一个内化的过程，在这一过程中，环境育人的作用是强有力的。外部环境（包括自然环境和社会环境）通过一定的方式渗透影响个体，产生内化效果。其中渗透的方式是极其重要的，不仅因为渗透有自然天成之功，更因为其有无所不在之能。所谓渗透性，是指两相接触的事物，在可相融的条件下，一事物将其自身最突出的特性，以差距为动力，以点点滴滴缓渐的方式，自然影响另一事物的现象。校园环境美化标识所建立起的文化形象，以其突出的文化理念标识，对大学生个体必然产生“理念差距”的冲击，这种差距的冲击，必然是心灵教育的冲击，既是耳濡目染的，又是潜移默化的，是个体素质潜在性与环境育人渗透性的辩证统一，是在强调课堂教育的主导性和校园教育完整性的前提下，对校园环境育人地位的确认。校园环境的育人作用，正是通过这种刻意的追求，在不经意的过程中，形成对受教育者的包围渗透，以点点滴滴的感受，达到教育的目的。渗透性教育的特点具有含蓄的间接性，是通过校园环境建设的美化标识，间接地渗透影响大学生个体的潜在素质。在某种意义上校园环境所形成的育人功效，是高校主导教育全面性的补充，其补充内容是学“做人”，补充方式是渗透影响。

总之，要通过校园环境的美化建设对大学生形成校园教育的完整性，在整个校园中形成文化素质教育的氛围。

第三节　校园环境美化和建设与大学生文化素质教育

校园，是学生学习和生活最重要的场所。马克思主义教育学认为，人的发展是一个复杂的过程，它是生理素质、社会环境和后天教育相互作用的结果。生理素质是物质前提，发展则取决于教育与环境。所谓环境，是指以人类为中心的周围客观事物的综合，既包括物质环境，又包括精神环境。校园环境则指莘莘学子学习和生活的精神环境和物质环境的统一体[2]。

环境是无声而又时时显效的特殊课堂，是一种影响人、塑造人的综合教育力量。良好的校园环境，可以对学生施以潜移默化的影响，使他们在不知不觉中受到感化、濡染和熏陶。因此，校园环境不仅关系到学生学习和生活的质量，还关系着学生稳定的心理品质的养成。从这个意义上说，校园环境的美化和建设，既是一所大学历史印记的展示，也是其未来发展理念的展现，更是其大学文化精神承载和传扬的途径，通过它对当代大学生文化素质的教育发挥作用。加强校园环境的美化与建设，应从其价值与地位方面进行重点分析，从理性上全面认识和把握校园环境美化和建设与大学生文化素质教育的关系。

一、校园环境美化和建设的价值

价值是一个经济学概念，同时又是一个哲学概念。经济学的价值概念是指凝结在商品中的一般的、无差别的人类劳动。从一般意义上讲，价值所表示的是客体满足主体需求的有用性。价值的主体可以是个体，也可以是群体。价值的客体可以是物质的，也可以是精神的。我们分析校园环境美化和建设的价值，主要是从哲学概念上加以阐述。

客体的属性和功能必须满足主体的需求。中国的大学从其开始规划到实施建设直至不断改造的过程中，在校园环境的美化和建设方面做了大量工作，但对其价值的认识却常常不完整、不深刻，还停留在较浅层面，尤其是在校园环境美化和建设价值的多重性上认识不足。学校或只重视基本设施的建设，仅仅满足于校园环境的基本使用功能；或照搬效仿社会公共环境，校园内外模式一样，丢失了大学自身的特色；或认为校园环境与教育的关系不大，美化建设没有多少价值，既不建设也不改造，导致校园规划设计的理念平庸，格调不高，环境资源严重浪费，没有达到其育人的根本目的。因此，对校园环境美化和建设的价值必须正确定位，充分认识，全面把握。

（一）基本价值

校园环境美化和建设是大学存在的基础，归根结底是为受教育者服务的。学生是校园环境美化和建设的受益者，是价值的主体。校园环境的存在为学生提供了生活、学习、娱乐的空间和条件，通过不断美化校园环境，使大学生的生活和学习质量得到基本保障和逐步提高，在物质需求方面能够跟上社会总体水平发展的步伐，这是大学校园环境美化和建设最基本的价值所在。离开校园环境美化和建设的基本价值，任何工作都将失去意义。当前大学校园内众多基础设施的建设都是以这一基本价值观念为出发点，做了大量实际工作，满足了高校不断发展的需求，在校容校貌上也使校园得以较大改观，并与现代社会相适应，这是应该予以充分肯定的[16]。

任何一所大学的建立和发展，都离不开校园环境的美化和建设。校园环境的建设，不仅为学校的教学科研提供了必要的物质保证，还为师生的工作、学习和生活提供了必要的场所和条件，更为学校完成教育培养任务、敦促大学生健康成长创造了物质基础；校园环境的美化，使教育者和被教育者之间架起了沟通的桥梁，大学生从中感受着环境美所带来的愉悦和感染，从而全面提高个人素质。

校园环境美化和建设，作为学校教学、科研的物质手段，在实行现代化教育的今天，已经直接影响到学校的教育质量、学术水平和办学效益，甚至成为制约学校发展规模和速度的“瓶颈”。尤其近年来，随着大学的招生规模不断扩大，教育出现经费融资不畅的问题，尽管国家和地方付出了很大努力，但校园内人均占地面积、人均居住面积包括教学使用面积仍十分紧张，教学科研条件有限、校园环境差一直是困扰高校发展的突出难题。另外，由于我国历史形成的办学格局，高校师生的衣食住行一般都不用出校门，一旦后勤工作出现闪失，必然使师生产生后顾之忧，严重的将直接影响到学校全局工作的运转。因此，加强校园环境的美化和建设已成为维护学校内部正常秩序的重要保证[3]。

（二）社会价值

校园环境是自然环境和社会环境的有机组成部分。高等教育为推动人类社会的发展起到了巨大的作用。一是人类的知识在大学里得到了升华，从感性认识到理性认识，由知识上升为理论。二是理论经过深入研究，变成了指导实践的利器，尤其是大学科研成果转化为生产力之后，为人类社会的发展起到了助推器的作用。三是大学为社会持续不断地输送大批人才，使之成为社会发展和进步的中坚力量，通过他们把理论转化为实践，并通过实践又进一步提升理论，循环往复将人类推向了知识的更高境界。四是大学还是社会文化传播地和发源地之一，许多社会文化就是在这里提出并发扬光大、流入社会融合进大众文化之中的。五是大学生又是社会人，他们的行为模式来自社会同时又影响着社会。作为社会中知识层面较高的人，其行为方式往往带有社会的烙印，但更多的是对社会具有指导性或表率性作用。六是大学校园景观是大自然不可或缺的一个方面，大自然陶冶了人类，校园培育了学生。

大学是被人们所景仰的孕育社会文明的圣地。大学应该为此而涵养自己独到的传统特色，塑造风格鲜明的形象特征，发挥其应有的社会价值。实践证明，大学校园环境的美化和建设，正是促进大学充分发挥其社会价值的重要途径。

首先，校园环境体现了一所大学的特征。大学校园的建设和发展，与社会上其他庭院的建设有显著区别。例如，公园要考虑它的幽静、怡然，或小桥流水或鸟语花香；商场规划要考虑它的人流、物流；工厂要考虑它的空间和场地的合理布局。而大学不同，既要考虑人流，留有足够的空间，又要考虑雅静，保持其封闭性；既要生动活泼，又要严肃紧张；同时还应刻画出其历史文化特征及厚重的人文气息，让人一进入校园就有一种步入文化殿堂的感觉。事实上，校园环境的特征或形象，身处校园内的人不一定理解其价值的全部，但校园外的人却会觉得它有某种神秘感。

其次，校园环境美化和建设，代表着一所大学的特色。校园环境美化和建设一方面是校园环境超越自身的自然存在，另一方面是人与自然相互作用而产生的。也就是说，校园环境作为形象而存在，不仅是它的社会属性对其自然属性的消解，而且，这种消解的目的是要把自然属性升华到一个较高的层面。

任何一所大学，由于学科地位或属性不同，所处地理位置不同，创建年代不同，校园环境美化和建设的思路、风格也会截然不同，其实这就展现了各自的特色。例如，工科大学与医科、艺术、师范、综合大学的校园环境美化和建设的风格或侧重点一般不会相同，尤其是标志性建筑风格、景点布置等往往以学校学科地位为核心进行规划设计和建造。地理环境位置等自然要素往往是一所大学进行环境美化和建设的基本参考点，借天然之资质去巧夺天工，或依山傍水，或曲径通幽，都会产生特别的寓意和效果。创建在不同的年代，这标志着一所大学的历史。新建学校要体现现代化的特点，不能盲目仿古，而历史悠久的学校，一方面要注意保存其古老历史文化传统，另一方面要注意探寻与现代化大学逐步接轨的融合点。

最后，校园环境的形象塑造功能正是校园环境美化和建设的社会价值的具体体现。形象，是人对事的形状相貌的认识，是应人的感官需要和理性追求而产生的，因而有其具体性和图像性，即它总是以一种具体图像形式出现；同时，形象又通过人的感觉表现出来，具有一定的主观性。形象有内部形象和外部形象之分，有深层形象和表层形象之别。校园环境的美化和建设，不仅从表层或外观体貌上为学校树立了具体的形象，而且通过美化和建设带来的校风、教风和学风的变化，直接关系着学校的社会形象。

校园环境的美化和建设，作为学校形象的一个构成要素，就是通过美化和建设将学校的整体形象向社会展示，为公众所认识。良好的学校形象对学校的发展将起到巨大的推动作用，具体表现在两个方面：其一，对学校内部的整合功效，使内部凝聚力提高，教学、科研能力增强，人文素质优化等，不仅有利于构建校园文化，形成一种强烈的“文化磁场”，使广大师生受其影响，被其吸引，接受其熏陶和培养，而且有利于校园内部管理的进一步加强和完善；其二，对外精神感召和信息传播功效，有利于获得社会公众的认可，从而吸引或延揽更多人才。良好的形象将为学校赢来美誉度和知名度，形成品牌效应；相反，恶劣的形象不仅使学校社会地位降低，还易造成人才流失。

校园环境的美化和建设，从表面上看是学校内部的一项后勤服务保障性任务，但从学校形象塑造功能角度来看，却是学校发展的大事情。近年来，有些学校开始重视学校环境美化和建设工作，尽管学校的学术地位不是很高，但呈现出来的凝聚力、奋发向上的整体精神却得到了社会的广泛赞扬。相反，有的学校自恃历史悠久，品牌响亮，忽视了校园环境的美化和建设，没有将其当作大事来抓，致使学校的社会地位和声誉度逐年下降，其教训是深刻的，也是值得深思的。可以说，在社会高速发展的今天，面对知识经济全球化的现状，品牌和形象对学校的发展尤为重要。

（三）文化素质教育的价值

随着环境育人意识的强化，课堂之外的培养和教育普遍引起了教育者的重视，校园环境美化和建设的文化素质教育的价值已为人们所关注，这也是我们今天研究校园环境美化和建设价值的基石。这是一个包括社会学、美学、心理学、建筑学、教育学在内的综合性学科，其价值在于，在满足环境的基本使用功能的前提下，对大学生文化精神的养成起着重要作用。

1. 文化素质教育的价值分析

（1）文化素质教育中的科学精神价值因素

大学是科学的殿堂，科学精神是其永恒的主题。校园环境中的一砖一瓦、一草一木无不蕴含着一种对知识的渴望和对科学精神的追求。校园环境美化和建设理应集中突出其科学文化色彩，营造出求是、创新、勇攀高峰的科学气息，让每个身处校园的学子都懂得，科学的追求永无止境，就像一座座拔地而起的楼房、一棵棵成长的树木、一条条不断延伸的道路，需要积累，需要更新，需要向更高、更深、更远处发展；科学的巅峰魅力无穷，风景宜人，就像美轮美奂的建筑灯光组合，和谐完美的校园色彩搭配，给人以穿越时空般的无限遐想。

大学校园沐浴在科学文化中，置身于科学文化的氛围里，它是科学精神的最佳载体。为适应教育发展的需求，大学的建设促使科学和文化不断向更高的层次前进，反过来，教育的发展又促进了校园环境美化和建设的多角度、宽领域、全方位的拓展，形成了不同区域的文化特色和历史遗产，但是无论有怎样的特色，求是、创新的科学精神是一致的，是永恒的。

大学的价值在于源源不断地向社会传播科学思想，输送合格人才。科学思想的产生和合格人才的成长离不开校园环境的熏陶。校园环境提供了显现科学精神的空间，思想可以在这里提炼升华，人才可以在这里培养练习。因此，合格完美的校园环境一定是科学技术和知识的孵化器，也一定是科学思想和文化的摇篮。美化和建设校园环境的目的就是使每一个大学生通过感化和感受，提高其文化素养，激发其创造思维，为社会创造更多、更优良的物质产品和精神产品。

校园环境的每一处美化和建设都有其自身的需求，这种需求可能是物质方面的，也可能是精神方面的。但无论哪种需求，都应着力体现它的科学文化气息，这一点对社会是重要的，对大学是重要的，对大学生的文化素质教育更是重要的。大学校园应努力成为科学文化精神的载体，不断推进科学文化的传播和发展，使每一处美化和建设都成为精品，都产生并发挥出文化价值，洋溢出科学精神的韵味。

（2）文化素质教育中的历史文化价值因素

俗话说："一方水土，养一方人。"随着历史岁月的延续，每一所大学的传统文化特征都深深地印刻在它的校园环境里，又经过环境得以传递、弘扬，默默地影响、塑造着生活、学习于其中的一代又一代学生的人格和品质，使得走出校园后的大学生们的言谈举止无不流露出其母校的遗风，也就有了大同小异但又保留着不同大学风格的生活哲学、思想作派、价值准则和行事方法。这就是另一种意义上所说的历史文化的沉淀和心理结构的同构。而这种同构恰恰是大学校园环境的历史价值所在。人是在客观社会环境中生存和成长的，其行为特征必然打上所处环境的烙印。大学校园环境中的历史文化气息，不仅仅是一种客观存在，往往也是其历史的再现，它是通过身处其中的人来具体展示的，这就是我们常说的"环境塑造人"。

校园环境美化和建设的历史文化价值的另一体现，就在于它自身的客观历史性。任何一所大学的创建和发展都有其历史根源和轨迹，其传统文化中优秀的部分不仅不会被岁月的河流所淹没，反而会愈加清晰透彻。这是因为校园环境不仅仅是学校历史文化继承的载体，更是其得以发展传扬的有效载体。

另外，在校园环境美化和建设中，收藏和模仿的一些古迹，不仅对大学生有教育和激励作用，而且是社会的无形宝贵财富，其历史价值是无法用金钱来衡量的。

（3）文化素质教育中的美学价值因素

从美学角度分析，校园环境是承载大学文化精神，展现美的意境的客体。审美是大学生和校园环境沟通的语言。通过审美，使得大学生可以解读校园环境中蕴含的精神，校园环境又通过美的可感性和可愉悦性陶冶学生的情操，加深生命的体验，传递大学文化精神的精髓。校园环境是校园文化精神的物化形态，是师生校园活动的审美空间。优美的校园环境可以丰富学生的感官刺激，提高他们的审美感受力。赏心悦目的环境也可以使学生的身心获得松弛；学习和生活会更有活力。同时审美环境对学生的校园活动存在一定暗示性的引导作用，并以直观方式表现出崇高的审美理想，促使心灵解放和精神升华。我们常说，环境培养人、陶冶人、锻炼人，其寓意就在于此。

校园环境美化和建设在美的形式上呈现出多样性，自然美、艺术美、科学美、社会美交相辉映，各显所长。校园内的建筑、道路、广场、雕塑、灯光以及地容地貌、园林花木，都会给人以美的享受和遐想。这当然与人的审美情趣紧密相连，与具体的个人的审美感受能力、审美鉴赏能力及审美创造能力的培养提高不无关联。美的可愉悦性来自可感性，只有在人的意识、人的审美情趣和审美体验中，才能突出美的价值。因此，校园环境美化和建设要注意事物本身的自然美、形象美，突出事物形象的独特性。在现实生活中，各种各样的形象都以其独特性与现实的人构成审美关系。各种形象的独特性并不具有同等的意义，有些甚至以“负值”出现。这样，有些形象就被排斥在审美关系之外。

形象的独特性之所以不同，主要是由凸显这种独特性的关系所决定的。这种关系可分为自然的和社会的两种。其中社会关系具有主导性。因此，我们在分析审美客体时，既要把它放到自然的联系中，又要把它放到社会的联系中来观察，更要把这两方面的联系贯通起来。形象所蕴含的情感意义，既不是它本来固有的，也不是多情的人反射给它的，而是在自然联系和社会联系的贯通中产生的。

一般来说，审美关系作为主、客体关系的一种，它必定是对主、客体实用性关系的超越。我们强调校园环境美化和建设的美学价值，就是让大学生在生活的环境中实现自身价值的超越，在适应、审验、陶冶中使心灵受到震撼，得到升华，从而提高自身素质。大学生审美经验的积累是大学生审美素质得以提高的基础，而校园环境的美化和建设增加了大学生的审美经验积累，为大学生的审美素质乃至整个文化素质的提高提供了必要条件[4]。

2. 文化素质教育的功能分析

校园环境美化和建设的文化素质教育价值，从其具体功能上分析，可以获得进一步认识。

（1）精神激励功能

形象的独特性引发人的创造性，人的创造性又丰富着形象的独特性。这个相互勾连、相互催化的过程就是探索和追求的过程。杜勃罗留波夫曾经说："一个感受力比较敏锐的人，一个有艺术家气质的人，当他在周围的现实世界中，看到某一事物的最初事实时，他就会发生强烈的感动。他虽然还没有能够在理论上解释这种事实的思考能力，可是他看见了，这里有一种值得特别注意的东西……"虽然我们不能保证校园环境的美化和建设对每一个学生都起到精神世界的感动作用，但若能产生出"一种值得特别注意的东西"，校园环境美化和建设的文化价值就有一定的意义。

事实上，校园环境的美化和建设对人具有精神激励功能。尽管仁者见仁，智者见智，但不可否认的是，它能产生一种对话关系，而这种对话关系是一种无言的心灵交流，使人与人之间、人与自然之间形成一种联系纽带，构成和谐、优美、完整的胶合形态，从而产生某种直觉体悟、想象力、创造力，在这个过程中形成了人的一种特有精神，这就是我们常说的潜移默化、润物无声的特殊功能[7]。

校园环境的美化和建设满足了人的主观心理需求，促进了人的审美创造。其实任何审美创造，无论其构成材料如何，都内含着一个关键性要素，那就是创造者对材料赋予一种形式，使其具有人工构造的特性。这个体现了人工构造特性的形式其实就是把材料组织起来的内在联系，它的意义在于：它改变了事物原先的组织结构，按照创造者的意愿对材料进行创造性的重新组织，使之成为一件艺术品。正是这种校园环境美化和建设形成的一件件艺术品，促成了大学生精神世界的充实，激发了他们创新的动力和执着的追求。

（2）激发用脑机制功能

从脑科学上讲，人的左右脑具有不同的分工。其中左脑能够用话语来表达思维，而右脑多半用来表达一种直觉，即左脑掌管语言与逻辑思维，右脑做的则是难以用话语表述的事情。在现实教育体系中，从教育活动的基本层面上讲学校往往只重视对知识的传播，所以受教育者的左脑功能得到了很好的发挥。但开展素质教育后，知识要变为主体的素质就必须进行内化，即知识内化为素质，或称之为知识的素质化。所谓知识的内化，是指受教育主体通过主动的脑力劳动，对可传播的知识进行选择、吸收、融合、创新和提升，形成或是以科学文化素质为主、其他精神文化素质为辅，或是以人文文化素质为主、其他精神文化素质为辅的较全面的素质，也就是特殊素质与综合素质统一的文化心理结构。布莱克斯利在《右脑与创造》一书中，对这种文化心理结构的形成做了说明，他认为左右脑功能的优势互补，可以使左脑接近右脑的直觉，与此同时，右脑的功能也具有了左脑功能的某些特性，从而形成了理性的直觉化和直觉的理性化的文化心理机制。这样一来，“语言的思维和直觉的思维之间就取得了平衡的发展，使人们不仅能体验到生命的智能方面的力量，也能体验到生命情感方面的意义”。我们进行校园环境的美化和建设，正是调动了人们的右脑，与知识教育一起使受教育者主体通过理性的直觉和直觉的理性构成文化心理结构，实现知识向素质的转化。

（3）启迪创造性思维功能

由于人的语言、数字、逻辑等思维活动是由左脑半球负责，而图像、情感及其他非语言信息由右脑半球负责，所以在教育活动中，必须既重视知识的传授，又注重人的直觉的培养。在人类的发展历史上，科学主义始终占据上风，因为科学决定、推动了人类的进步。但是如果走向极端，轻视人文气息的影响就显得偏颇了。大学是培养合格建设者和接班人的地方，没有扎实的理论知识功底不行，然而仅仅具有知识而缺乏创造潜质也不行。人的创造潜质除发挥左脑的语言、数字、逻辑思维功能外，还应注重调动右脑产生直觉，从而对图像、情感及其他非语言信息进行加工处理。纵观历史上每一位伟大的科学家、发明家，无一不是具有丰富的想象力，敢于怀疑和挑战，经过锲而不舍的艰苦实践，最终走向成功的。因此，我们加强校园环境的美化和建设，目的是促使受教育者在欣赏、鉴别环境艺术的含蓄朦胧抑或激情迸发时，使形象记忆力、想象力等创造性思维能力得到活跃和加强，从而对知识教育起到补充与完善作用。

（4）文化建设功能

校园环境是校园文化的介质。关于校园文化的概念，目前国内大致有广义和狭义两种理解。所谓广义的理解，就是把校园文化视为“学校的整体文化”；所谓狭义的理解，就是把校园文化视作相对于课堂文化的“课外文化”或“非课堂文化”。这两种理解从表面上看似乎仅仅是范围上的广狭之别，实际却蕴含着对校园文化性质的不同认识。

其实，学校教育是现代人成长所必需的文化环境，也是延续和发展人类文化的重要途径。它既是文化的体现，又是文化传播和发展的手段。所以，对校园文化的理解应该与人类文化相联系。只有建设校园文化，提高校园文化层面，才能丰富校园生活，发展学生个性，促进其全面健康成长。也只有塑造健康向上的校园文化，才能唤起道德天性，使主体精神得到发展。

然而校园文化的建设与发展，离不开校园环境的美化和建设，各种兴趣小组、学生社团、文化艺术、体育比赛、运动会及其他文化娱乐活动等，都离不开校园环境及必要的设施，更离不开环境所烘托出的氛围。近年来，校园文化作为一种亚文化，与社会文化和学校教育紧密联系，已经引起了社会各方面的关注，特别是校园文化侧重于文化的人文性质，使文化和教育获得了同一性。因此，加强校园文化建设，促进大学生个体的全面发展，是大学生文化素质教育的根本目的，由此说来，校园环境的美化和建设必须引起高校的高度重视。

人改造环境，环境也改造人。“环境的改变和人类活动的一致，只能被看作是并合理地理解为革命的实践。”相应地，校园环境作为校园人的生态背景，使人在环境的熏陶下不断改变自身素质，而素质的提高又必然使环境更加绚丽多彩。因此，大学校园的建设应从培养人、教育人的方向出发，提供立体的、全方位的良好育人环境，突出其教育的价值特点。

（四）价值特点

校园环境作为客体满足主体的需求，有其自身的价值特点。其一是价值存在形式的内在性。劳动价值论、交换价值论认为，价值具有对象化的特点，即事物的价值在交换中体现，并从使用中再现出来。从文化素质教育的层面看校园环境的价值，它具有鲜明的隐含性和内在性。

校园环境只有通过其所创造的美的意境，同大学生产生精神上的交流，引起主体心灵深处的共鸣，才能发挥其内在性的价值。庄子最早提出“言不尽意”的思想。他说：“世之所贵道者书也，书不过语，语有贵也。语之所贵者意也，意有所随。意之所随者，不可言传也，而世因贵言传书。世虽贵之，我犹不足贵也，为其贵非其贵也。故视而可见者，形与色也；听而可闻者，名与声也。”庄子认为言是为了传达意，但意中所蕴含的“道”却是不可言传的。校园环境何尝不是一种语言，在其传达的意境里隐喻的大学精神，只有置身其中，静心体会，方能产生种种生命的感悟。

也正因如此，如何使校园环境和学生形成一种更高层次上的契合，从而达到“环境改造人”的目的，是校园环境美化和建设需要思考解决的首要问题。

其二是价值意义的崇高性。校园环境美化和建设除满足人们生存、生活需求外，其更高意义上的价值是一种对美的创造，是一种对文化精神的传递，是对成长中的社会未来精英们的精神引领。这种价值意义的崇高性是不言而喻的。

随着时代的发展和科学技术的进步，人们对生活质量的追求越来越趋向于完美。我们进行校园环境美化和建设，是一件功在当代、利在千秋的事情。校园环境美化和建设每发生微小的变化，对大学生的文化素质教育带来的影响都相当大，由此产生的精神创造和文化带动作用的价值远远超过了美化和建设自身。近年来，学校创造出如此众多的科学成果，大学生文化素质逐步提高，除社会大环境的影响带动作用外，与校园环境的美化和建设不无关联。

当然，校园环境美化和建设除以上所述的价值特征外，还有其他价值因素，随着社会的发展，人们的价值观念也将发生相应的变化，但无论怎样变化，校园环境美化和建设总与人处在同一种价值关系之中，校园环境的优劣一定会在这种价值关系中显现出来。因此，校园环境美化和建设与整个素质教育密切相关，其中大学生文化素质教育将是重中之重。

一所大学在其存在、发展的过程中，需要不断美化和建设校园环境，每一个校园人必须树立爱护和尊重校园环境的价值取向，用科学的观念来理解校园环境美化和建设的固有价值规律，以积极的态度参与校园环境的美化与建设。

二、校园环境美化和建设的地位

校园环境美化和建设是一项跨学科的综合性系统工程，它有自身的特点和规律。只有不断加强对其规律的探索和总结，才能在校园环境美化和建设的实践中尊重其规律、利用其规律，并不断地推陈出新，合理构建。其中合理地确立校园环境美化和建设在高校发展建设中的地位，正确树立校园环境美化和建设的整体理念是发挥其应有价值的前提。

校园环境的美化和建设是学校整体工作的重要组成部分，很多人认为它仅仅属于学校后勤服务性工作，是为学校的教学、科研及其他工作服务的，处于从属地位。这是一种较片面的观点，之所以产生这种观点，是由于他们仅仅看到了校园环境的美化和建设的基本物质保障价值和社会文化价值，而没有意识到它的文化素质教育价值。随着现代高等教育的发展，非常有必要对校园环境美化和建设的地位进行科学、全面的审视。

（一）传统意义上的基础性地位

科学、全面地审视校园环境美化和建设的地位，首先，要坚定不移地肯定其在学校发展中的基础性地位。校园环境的美化和建设是学校后勤工作的重要组成部分。在校园内，教职工的工作、学生的学习需要必要的物质基础条件；日常生活需要可口的餐饮、舒适的居住环境、便利的购物环境；文体活动需要适当的空间和必要的基础设施等，这些都需要校园环境建设提供保障，需要美化才能达到惬意。古今中外的军事家、政治家都非常重视后勤工作。“兵马未到，粮草先行”，这是古人对后勤工作作用与地位的精辟概括。恩格斯说，马克思的一个伟大发现就是指出了“人们首先必须吃、喝、住、穿，然后才能从事政治、科学、艺术、宗教，等等”。这些都足以说明后勤工作的重要性。高等学校的后勤工作更有其特殊性[2]。高等学校的中心任务是搞好教学、科研，培养高质量的专业人才。专业人才的培养过程，既有教与学两个方面，又有教学条件与教学管理等基本要素，并需要按照一定的教学要求组成有机的系统来实施。其中教学条件起着物质保障作用，特别是在科学技术迅速发展的今天，科学研究已经被引入高等学校的教学过程，后勤工作能否及时保证教学和科研所需要的各项物质条件，将直接影响学校的教学质量、学术水平和办学效益。实践证明，哪所学校重视后勤工作，学校领导支持后勤工作的力度大，哪所学校的整体工作水平就会比较高，其社会知名度也会很高。从校园环境美化和建设的服务性上看，它作为高等学校整体建设发展的一部分，始终反映学校的风貌，为广大师生创造方便、舒适的工作、学习、生活环境。近几年，随着招生规模的不断扩大，许多高校的设施已经达到了使用极限，住宿紧张，就餐拥挤，教室、实验室缺乏，活动场地太小等，严重制约了高校的发展。中央多次提出要在全国范围内推行高校体制改革，尤其要推行后勤的社会化改革，目的就是进一步加强学校基础设施的建设，以推动整个高等教育事业的发展。这里需要强调的是，校园环境的建设是为教学、科研服务的，校园环境的美化是对教学、科研服务的完善，没有建设谈不到美化，同样，没有美化，建设也不一定起到应有的作用。因此，校园环境的美化和建设是相辅相成的，在建设中注重美化，在美化中加强建设，相互推动才能为学校教学、科研提供一流服务，从而带动教学、科研工作向更高层次发展。校园环境美化和建设对教学、科研的带动或促进作用，正是其基础性地位的体现。

过去长期将校园环境美化和建设的基础性地位定义为从属性地位，原因在于受中国计划经济时期传统教育模式和教育指导思想影响。中国传统的大学教育模式重视专业教育和人才的批量生产，忽视了学生个性化培养和文化素质教育，片面突出专业教学和科研，将教学和科研以外的工作均视为从属性、服务性工作，毫无例外地把校园环境的美化和建设这一工作也纳入了从属性地位。

（二）文化素质教育中的现实地位

校园环境的美化和建设是一门艺术，更是一项跨学科的综合性系统工程。从对大学生实施文化素质教育的角度而言，校园环境美化和建设不是可有可无的或从属的，而是与教学、科研工作一样，是大学教育诸环节中不可或缺的一环。这才是对校园环境美化和建设地位的科学、全面的把握。

校园环境美化和建设的育人价值性既有有形的一面，也有无形的一面。有形的一面是以其物化的形态，直观表现校园的体貌特征及各部分基础设施的完备与美观，为教学、科研及大学生的健康生活、成长提供必要的物质条件。关于这一点，一般很少有人怀疑它的存在。而无形的一面却不容易直观地看到，更加难以确认。例如，学校的校风、教风、学风的形成，校园环境文化氛围给学生带来的思维、观念、行为方式的改变，大学应有的社会地位的确立等，都与校园环境的培养、熏陶、教育有直接关系。因此，我们说校园环境的美化和建设具有育人功能，是基于多年来的实践经验所得出的结论。

按照传统观念，人们往往强调对在场事物的认识，强调对客观必然因果关系的认识，而忽视或缺乏对未在场的自组织、自调节的规律性的认识，这是机械论的观点。对大学生进行文化素质教育，一定要努力把外在的转化为内在的，把未在场的转化为在场的，这就要发挥校园环境美化和建设的文化素质教育价值，从这一点来说，校园环境的美化和建设不是由学校的教学、科研来决定的，而是由大学生文化素质教育内在的需求决定的。长期以来，校园环境的美化和建设一直被作为学校教学、科研工作的附属性工作，常常以其服务的好坏作为评价的唯一标准，显然有犯机械唯物主义错误之嫌。其实在大学生文化素质教育过程中，它们是各自独立、互为补充的诸环节中的一环。

校园环境美化和建设的地位问题，日益引起教育家和社会学家的高度重视，毋庸说随着我国高等教育迅猛发展，扩招给学校带来了巨大压力，社会各界尤其是学生及家长对校园环境（当然也有教育质量）也给予了极大的关注。国外的一些名牌大学，也始终把校园环境的美化和建设放在突出的位置，将其作为自己的门面，然后通过内容和形式的统一，来扩大其社会知名度，延揽人才，塑造教育品牌。

马克思主义认为，社会存在及人们的生活方式决定着人们的思想方式、感情倾向和性格的基本特征。高校进行校园环境美化和建设，就是要从教育的合力出发，在空间上、时间上、内容上促进受教育者德、智、体、美、劳的全面发展，使其健康成长，整体向上。

校园环境的美化和建设是课堂教育的有益补充。在以往的知识教育中，学校常常把课堂教育作为教育的主要手段和形式，因而教育方式显得古板、生硬。当前开展素质教育，学校不得不调整教材内容，减少课堂时数，为大学生能力的培养和素质的提高留有充分的余地，积极引导他们走向大自然，投身于社会实践中。在此过程中，人们发现校园环境恰好是对大学生进行文化素质教育非常适宜的舞台。相对于课堂教育来说，校园环境是第二课堂，是高等学校人才培养的重要阵地，是对第一课堂的有益补充。校园环境所营造的文化氛围为开展文化素质教育提供了必要的外部环境。学校应充分利用这个潜在课堂的优势，通过开展丰富多彩、生动活泼的学术、科技、体育、文化、艺术等诸多活动，营造积极向上、健康文明的文化氛围，让大学生亲身参与校园环境的美化和建设，充实他们的生命体验，让他们在不知不觉中接受锻炼，完善自我。

青年学生思想活跃，观念变化快，情绪波动大。他们一方面需要精神的安慰、思想观念的寄托、情感的抒发，以缓解内心的矛盾冲突；另一方面又有意或无意地拒绝灌输、排斥权威，表现出较强的自主意识。校园环境的美化和建设及以此提升的校园文化精神氛围，促进了大学生精神、心灵、性格的塑造。

在校园环境的美化和建设中，既要继承优秀的民族文化传统，又要吸收外来文化，达到中外古今文化的相互融合。社会上各种思潮和观念往往首先在大学校园这块文化阵地上碰撞、筛选、交融，产生出新的思想和观念。大学生具有的求真、求善以及探求个性健康发展的愿望与这些思想观念相结合，通过启发引导，即可形成一种活跃的校园文化氛围。一方面它对大学生的精神世界、价值观念、行为方式产生影响，逐渐沉淀为大学生文化心理深层次结构中的一种内在意识；另一方面，校园出现的新思潮、新观念、新风尚，也通过各种渠道渗入社会文化，形成对传统文化中消极成分的挑战，从而促进民族文化的更新与再造。

审美教育一般被称作情感或艺术教育，是学校教育的一种基本手段或方法。它以一种生动可感的形式使大学生主体形成把科学、伦理结合在一起的完整的主观心理世界，这是课堂知识教育所不能及的。校园环境的美化和建设为大学生的审美提供了客观的物质条件，通过直观感受、耳濡目染、审美训练和自我陶冶，形成特有的思维模式、心理定式、生活哲学和处事方法。美育心理学研究认为，个体审美意识的形成是审美教育的一个效应，个体审美经验的过程，就是接受陶冶、培育的过程，每次审美经验的发生，都是个体情感和心灵的一次塑造，因此，校园环境美化和建设的过程就是对大学生进行审美教育的过程，也是对大学生文化素质教育直接发挥作用的过程。

大学生审美经验的积累可分为三个阶段。第一是初始阶段，亦称为准备阶段。此时，大学生的整个心理机制进入一种特殊的审美注意状态。伴随着这种状态，是情感上的某种期望。注意和期望共同构成一种特殊的审美态度，这种情况在大学生刚入校时表现得特别突出，他们对理想中的伊甸园充满了好奇和渴望，学校给他（她）留下的第一印象，往往会对其今后的发展产生重大影响。许多大学都会充分准备迎新生活动，其用意不言而喻。第二是高潮阶段。这一阶段包括两个主要环节：一是审美知觉以及由这种知觉活动带来的感性上的愉快；二是审美的特殊认识（情感、想象、理解、创造思维等共同展开）以及由这种认识带来的精神上的愉快。这时个体的审美经验已融入校园环境的文化品位之中，受校园环境人文气息的影响，确立审美意向、审美情趣及素质结构。第三是效果延续阶段，包括审美判断以及由这种判断带来的更高的审美欲望（需求），更高雅的审美趣味和更丰富的情感活动。由于主体个性的差异，这一阶段有的来得早，在校期间就开始发明创造；有的来得迟，需步入社会闯荡一番后才有所建树。这三个阶段，不仅有时间上的先后顺序，在逻辑上也互为因果关系。校园环境的美化和建设如果通过审美教育对大学生主体的想象力、创造力和生命情感体验起到促进、升华作用，我们加强校园环境美化和建设的目的就达到了。

校园环境的美化和建设是主体教育的重要环节，校园环境熏陶是大学生个性发展的重要渠道，其作用包括以下三个方面。

第一，促进大学生感性自我的成长。感性自我是个体生命的感性方面，是个性人格结构的一个组成部分。作为感性生命，它构成了人之为人的重要方面，作为个性自我，它呈现出我之为我的独特性质。因此，感性自我的成长对于个体的生存与发展以及个性人格的形成均有重要意义。校园环境的美化和建设培育出来的大学生感性自我首先是真诚的自我，是不戴面具的纯真的个体性情，是心灵的返璞归真；其次是普遍的自我，具有高度个性化的普遍性，超越了狭隘的生理自我，升华为无私的自我，具有较普遍的交流和理解力，在个体人格中向本能开放，向更高的精神境界开放；最后是一种自由的自我和充满创新精神的自我，克服了自然的和社会的、内心的和外界的压抑，自由地呈现与成长，同时又不失自主性，与客观规律保持高度的暗合，又在不断地创造审美世界的过程中实现和提升自身。

第二，促进个性生存与发展的协调平衡。校园环境的美化和建设，在开发和发展个体某一方面潜能的同时，还具有促进生存发展的全面性功能，而协调平衡的功能主要体现在感性的理性化和理性的感性化，使感性和理性二者相互融合。如前所述，感性自我的成长存在于个性情感的释放与构造的相互作用中。就情感融入具有理性品格的形式中而言，那是感性的理性化。这个过程包括无意识向意识转化、感觉和知觉直接获得理性内容、自由的想象受到理智的引导、个性意识获得社会性意识的渗透等。就理性突破逻辑、概念形式，直接呈现为以感性生命为内容的直观形式而言，那是理性的感性化。这个过程包括意识从无意识获得原动力，理性融于感性中，理智力直接以知觉、想象、体验、直觉等形式获得认识成果，社会性意识成为个性意识中的一部分等。

第三，促进创造性的发展。校园环境的美化和建设促进感性自我的成长，促进人格的协调平衡，使个体生命充满活力，从而具有持久的创造力。创造性可分为两个层面：一个层面是指专门的创造力，如发现与解决新问题的思维能力、发明与制作新事物的实践能力等；另一个层面是指不断实现和更新生命活力，是健康的个体生命的基本特质与能力。后者是创造性的最基本内涵，又是前者的基本与源泉。如果大学校园内既有基础性教育又有研究生教育，就要在校园环境的美化和建设中既考虑创造性基础和源泉方面的因素，又为专门的创造力提供条件。在具体的美化和建设中，要注意解放无意识，保障自发性，注重培养和保护心灵的独创性，促进心灵综合能力的发展。这也是大学生文化素质教育对校园环境的美化和建设提出的基本要求。学校处处是教育，校园环境就是一种强大的无形的教育力。校园环境的美化和建设，不仅是人化的自然环境，更是人为的心理环境。校园环境美化的意义不只是停留在学校成员从环境这面“镜子”中，直接看到了自己的“本质力量”，良好的校园环境还具有强大的美的熏陶和同化力。宏伟、独特的建筑环境，可以引起学生们的无限遐想；整洁宽敞、文化气息浓厚的居住环境，可以促进学生们的身心健康；美丽、幽雅的校园园林环境，可以激发学生们对大自然的热爱；卫生、优雅的就餐环境，可以吸引学生们对生活美的向往；清雅、舒适的学习环境，可以激发学生们对科学知识的专注。如果通过校园环境的美化和建设，营造出这样的心理环境，那么不仅对大学生的文化素质教育有益，而且会使整个学校各方面的工作呈现出精益求精、日新月异的气象，呈现出重知识、爱科学、讲文明的风气，呈现出人际关系友好协调的氛围。这样的校园环境闪烁的一定是理性与感性，真善美和谐统一的光辉，一定能唤起广大学生的高级美感。因此，良好的心理环境对学生的影响就像“润物细无声”的春风化雨，潜移默化地影响着学生的心灵；又好像发动机，使广大学生精神焕发，带来一股创造性学习和工作的巨大动力；还像法律和规范，约束着大学生的行为，自觉抵制歪风邪气。校园环境美化和建设的教育功能，充分显现出大学生文化素质教育的辩证法。校园环境美化和建设不仅能使学生发现美、读懂美、创造美，在美的熏陶和感染下还能进一步提高、丰富他们的审美能力和情趣，刺激追求美的动机，使欣赏美、鉴别美、创造美的能力向更高层次迈进，推动校园环境美化和建设的良性循环。如此周而复始，螺旋上升，使大学生的个性得到完善和丰富。

校园环境的美化和建设不仅要通过物质和生活保证，更好地为学校的教学、科研服务，同时还应通过创造良好的育人氛围，实实在在地担负起环境育人的责任。就现实性而言，校园环境的美化和建设的育人作用和服务保障作用是相辅相成、辩证统一的。服务保障作用是经常性的、基础性的，它参与大学生的文化素质教育，并发挥其不可替代的育人作用，将是校园环境美化和建设的最终目标和最高价值所在。

第五章

新时代应用型高校大学生荣誉诚信建设与发展

现代诚信是我国公民道德规范的重要内容，它通过调节人际关系、人与社会的关系，规范着现代社会生活秩序，是发展社会主义市场经济的基础，构建社会主义和谐社会更离不开它的作用。大学生是社会主义建设的中坚力量，和谐社会的构建和市场经济的繁荣，迫切需要增强他们的诚信观念，发展他们的诚信品质，解决他们的诚信缺失问题。大学生诚信行为和诚信品德的形成，离不开浓厚的校园文化环境的熏陶，离不开学校教育，也少不了家庭教育、社会教育、自我教育。然而仅靠道德宣传教育、自我道德修养等柔性方式是不够的，其成效和影响都不能持久，特别是在大学生还未具备这种道德品质的时候。因人生观、价值观尚未成型，大学生接受信息的能力强，极易受到各种积极或消极思想观念的影响，在缺少理性辨别能力的情况下容易放弃正确的道德原则，所以必须制定相应的信用制度、奖惩制度等来规范和约束他们的行为。人的道德品质是自律和他律双重作用的结果，他律所形成的行为习惯通过内化有助于自律品质的形成，而自律既是他律的基础，又是他律的补充，它们是相互渗透、相辅相成的。因此，在当前的社会环境下，要较好地取得大学生诚信教育的效果，就必须将教育引导与制度约束有机结合，使学生认识诚信、实践诚信，将诚信这一道德规范逐步内化为自身的一种价值追求和价值信念，用以指导并外化为自己的言行，成为自己的一种内在德行。然而，从上一章节分析大学生诚信缺失的影响因素可知，现代大学生诚信教育脱离生活世界，实效性并不强，需要加以改进和创新。高校要在充分认识诚信教育的重要性和摆正其在学校教育的本有位置的前提下，顺应现代德育回归生活世界的要求，倡导回归生活世界的诚信教育，并且不断健全和完善大学生诚信相关制度，才能使大学生诚信素养得以形成。

第一节 开展回归生活世界的大学生诚信教育

19世纪中期后，理性主义出现了危机，现代人陷入了唯理性世界的困境，倡导“回归生活世界，走出唯理性世界的困境”的思想就是在这种境遇下所提出的，后来为世人所普遍认同和追随。如今，德育似乎也陷入了唯理性世界的泥淖，突出表现在德育的“学科化、知识化、工具化”，与生活世界严重脱离，德育的实际效果不够明显。因此，在20世纪末，我国德育界就此提出了德育“回归生活世界”的主张，以此来解决当前德育存在的困境。诚信教育作为当代大学生德育的重要组成部分，脱离生活世界同样是造成其成效不明显的原因之一。

一、现代德育回归生活世界的缘起和基本要求

“生活世界”是20世纪初西方哲学界提出的概念，有广义和狭义之分。广义的生活世界是指人为了生存和发展必须进行各种活动共同构成的领域，包括衣、食、住、行等生活领域，即日常生活世界，以及由经济、政治等社会活动领域和哲学、艺术等精神活动领域构成的非日常生活世界[18]。狭义的生活世界是指日常生活世界，它是人们没有办法怀疑而要直接面对的现实存在，它既是现实的又是原初自明性的领域。在我们所面对的外在世界成为认识对象之前，我们就已经存在于生活世界中，与它不可分割、彼此交融。各种科学的或是理性的活动都必须以日常生活世界作为它的前提，因为日常生活世界对于它们具

有基础性的、统摄性的作用，现代德育要回归的生活世界也是从狭义的生活世界，即日常生活世界来讲的[7]。

世界上每个国家和民族的历史发展进程都是不一样的，经济社会发展水平都存在差异，这就导致了在不同民族文化里日常生活世界和非日常生活世界的具体情况是不相同的。由于发展中国家正处于从农业文明向工业文明过渡的阶段，所以也正处于从农业社会的传统日常生活向工业社会的现代日常生活转变的过程中。但西方发达国家的情况则不同，这些国家已实现了工业化，实现了农业文明向工业文明的转变，过上了体现工业文明特征的现代日常生活。所以，这种复杂的历史背景就使得生活在不同地域和不同文化的思想家在认识和判断日常生活世界的价值和意义时所持的立场和观点存在差异。

胡塞尔认为造成现代人价值和意义失落的原因是被工具理性主宰的科学世界、技术世界等非日常生活领域的异化，从而遗忘了作为科学世界的基础的生活世界。人类若要重建精神家园，寻回存在的意义，就必须重新回归作为价值和意义源泉的前工业文明时期的日常生活世界。列非伏尔对日常生活世界的价值就没有胡塞尔那么乐观。他认为现代日常生活世界已被科技理性和工业文明所切割，自身已深陷异化和危机中。他希望通过关注生活世界本身的异化来唤起人们对异化的反抗。而科西克和赫勒则视日常生活世界是一个需要批判和超越的自在的领域，这是因为他们认为现在的日常生活世界尚处于前工业文明时期的自在的传统日常生活，个体只有通过批判它才能超越它，使自己成为一个人道化的个体。哈贝马斯则在行动交往理论中对于生活世界持有现实的批判性态度，肯定了生活世界所带来的文化变化，但也看到了“生活世界殖民化”的问题，要通过重建生活世界，使其成为人们行动交往合理性的文化基础。

无论哲学家们对日常生活世界持有什么样的价值观，无疑是对现代工业文明所带来的精神危机的一种反思。尽管许多学者对日常生活世界持有批判的态度，但是在回归日常生活世界这点上都毫无异议，都主张需要回归现实生活世界中。高度发达的西方工业文明把日常生活世界切割得支离破碎，生活世界原初的价值意义也随之被人们遗忘，人们精神上感到苦闷、孤独、无家可归。化解人类的精神危机需要回归生活世界，因为只有回到现实生活的现场，才有可能发现它的问题所在，从而去改变它，把它引向一个更好的生活形态，重建精神家园，给人以安全感和家的世界，弘扬人类生命价值的主体性，使每个人都成为日常生活和非日常生活的主体，无论是在日常生活还是非日常生活中既能恰当地运用日常生活图式和重复性思维，又能自觉求助于非日常生活世界里的创造性思维和创造性实践，实现日常生活世界和非日常生活世界的良性互动和协调发展[3]。

道德教育作为一种实践活动，是对受教育者有目的地施以道德影响的活动，以使受教育者养成相应的规范和品格的活动，这同样离不开生活世界。道德存在于生活，生活是道德存在的基本形态。人的生活是一种不断超越、不断追求美好生活的生活。道德存在的生活依据就是人的生活的向善性。道德与生活、与生活世界是不可分割的，否则道德就成了一种抽象物。因此，道德教育必须存在于生活中，在人的生活世界中进行。然而，从现实发展的情况来看，现代德育却逐渐在脱离生活世界，造成现代德育的困境[2]。

在原始社会，道德教育的进行是与人们的生产、日常生活过程融合在一起的，人们是在共同生产和生活过程中接受教育的，并没有专门的教育机构和教职人员来履行教育职责。这种原始道德教育相对于生活世界而言并不具有主体的形态，只是从属于或蕴含于生活世界中。随着人类文明的进步，产生了制度化教育，尤其发展到现代工业文明以来，道德教育逐渐从生活世界中分离和孤立起来，国家和社会更加强化道德教育的工具价值，强调它对社会政治、经济、文化发展的价值，而忽视了它自身的相对独立性和主体性，致使道德教育越来越成为封闭化的制度体系。然而，更使人类深感精神危机的是始于20世纪40年代后期的新科技革命，它比18世纪的产业革命给人类带来的影响更为强烈，使社会发生了质的变化。如果说18世纪的产业革命因运用大机器，使人的肌体得到一定程度解放的同时也被其束缚和驾驭，那么新科技革命的发展就进一步征服了人类的精神世界，而不仅仅是人类的肌体。信息化时代的社会，非日常生活领域急剧扩展，日常生活领域加剧减小，道德教育的工具价值和制度体系也被强化到更高的程度，完全被科技工具理性笼罩，远离了作为意义和价值之源泉的日常生活世界，这就是现代德育的困境。脱离了日常生活世界的德育，无法帮助人们建构一种有道德的生活方式，不能使人正确思考生活的意义。

在现代德育中，最典型的脱离生活世界的德育模式有"美德袋"模式和"决策制定"模式两种。"美德袋"模式是一种传统模式，它把学生的品德看作"一袋美德"，选择特定社会中公认的道德戒律或美德条目作为道德教育内容，把受教育者看作只等待填充的"道德之洞"。而"决策制定"模式是强调道德逻辑推理，忽视社会文化的优秀内容，认为理想的道德教育就是创设各种"开放性情境"，使受教育者在此种情境下处于冲突中，任其自然发展，无须教师主导，教师只要保持中立即可。前一种模式强调道德教条灌输，学生失去了主体性，像"木偶"一样任人摆布，而后一种模式却脱离了社会积极的文化内容，变成纯粹形式化的道德说教。"在一个世界里，儿童像一个脱离现实的傀儡一样，从事学习；而在另一个世界里，他通过某种违背教育的活动来获得自满足"。这种疏离生活世界的德育，使德育失去了鲜活的源头，德育本有的生命力得不到应有的展现，教育者停留于教材的复述，受教育者处于被动的吸收。这就导致如此教育没能把人性本质的东西、生活中所需要的内容沁入受教育者的心灵，使其心中产生共鸣，从而形成认识、情感、意志和行为的融合体，坚持向善的追求，过上德行的生活。为了走出这种困境，现代道德教育必须回归生活世界，这是人存在的必然需求和社会持续健康发展的内在诉求。那么，回归生活世界的现代德育有哪些基本特点呢？

第一，回归生活世界的道德教育要建设基于个体生活经验和心理需求之上的德育课程与教学，凸显学生在道德发展中的主体地位，让学生在真实可感的生活场景中，明了道德要求和养成德行。传统德育课程把道德作为知识来看待，从古希腊苏格拉底的“美德即知识”到柏拉图的“道德即规范性知识”，都把道德看作一种知识。俄国教育界也推崇“道德即知识”的观点，如凯洛夫（原苏联著名教育家）在其《教育学》中说道：“学校在用知识武装新生一代的同时，就形成了学生的世界观和道德面貌，培养了他们的共产主义行为习惯。”中国德育课程思想也深受此观点的影响。传统德育课程主要以知识为中心，道德知识学科化、客体化，只是由规范、规则、指令等知识体系所构成的框架，完全无视现实生活中道德原初性，看不到现实生活中的道德价值需要和冲突，而且有些知识价值条目过于强调遥远的价值理念世界。这种抽象化的价值条目，由于忽视实际生活大学生个体的心理需求，抹杀个体生活经验价值在德育价值体系中的合理性，最终导致德育实践中现实的人的缺席。与学生生活如此隔离的课程，学生也只能被动地接受其中灌输的道理。更让人心忧的是教育者自身教学素养不足，面对这种僵化的课程不去想办法搞“活”，更多地采用教条式的照本宣科的说教方式，以权威自居，缺少利用学生的生活经验来学习和领悟道德知识和情感的技巧，使得学生很难真正参与到德育课程学习中，道德活动参与的积极性不高。因此，回归生活的德育，必须以日常生活形式为基础，使德育的主题内容都能与学生个体的现实生活相联系，要让原先德育所关注的高不可及的抽象的价值理念世界回到现实的世界，回到属人的价值世界。在课程教学中教师与学生以互为主体的形式展开民主对话，相互尊重，充分地调动学生个体已有的生活经验，使道德教育实践活动真正实现关爱人的使命。学生能积极自主地在生活世界体悟人生，在生活经验的积累过程中获得切身的伦理感受，不断领悟人生意义，形成个体道德情感和智慧。

第二，回归生活世界的道德教育，并不是简单地停留在日常生活世界的层面，而是说道德教育的出发点必须立足于现实生活世界，最终归宿是人们养成德行和规范，自觉地改善他们的生活方式，提升他们的生活世界。“道德教育重返生活世界并非像某些激进的教育学者所说的那样要‘消解’制度化的学校教育，使道德教育像原始社会那样重新隐含于社会生活之中失去独立性，而是使道德教育作为价值主体积极参与到生活世界之中”。无论是德育的主题还是德育的教学都要回归生活世界，这主要是工具意义上的，考虑的是如何取得更好的教育效果。而德育要以提升生活世界为归宿，也就是学生通过道德教育之所得回到他自己的生活中去，用以解决他们生活中的问题，改变他们的生活和生活方式，提高他们对生活的认识，培养积极的态度、价值观等，以建构一个新的更高质量的生活世界。这种归宿性的回归是德育自身内在的要求，因为道德教育的本质是一种超越，即超越现实。

二、建构回归生活世界的诚信教育体系

大学生诚信教育是根据社会对大学生诚信的期待和要求，按照大学生诚信道德形成和发展的规律，有计划、有目的、有组织地引导大学生发展现代诚信意识和诚信情感，形成诚信行为习惯，养成诚信品格而实施的一切社会活动的总和。大学生诚信教育是现代德育的重要组成部分，现代德育的困境也是诚信教育的困境，所以，通过建构回归生活世界的诚信教育体系是发展大学生诚信的内在要求和必然选择。

首先，创设以生活为基础，以人为本的诚信教育目标。生活世界是真正属于人的世界，回归生活世界的诚信教育必然要把完善人的诚信德行和人的道德生活作为它的终极价值目标。这就要求诚信教育的课程、教材必须从生活世界出发，包括大学生学习工作、经济来往、日常交往等方面的生活，关注学生的生活内容、生活方式、生存状态及其他相关方面，在课程实施中自觉地、有意识地将学生课内课外、校内校外的生活连成一体，即使在教授传统的诚信文化、马克思主义的诚信思想、现代诚信观时，也要找到其与学生生活世界的契合点。在这样的诚信教育过程中，教育者和受教育者才能感悟诚信生活的意义。但是在具体的生存和生活过程中体验诚信生活和存在的意义，难免使人局

限于现实生活和存在的生活事件中，使人在具体烦琐的诚信生活事件中忘却了对“可能的诚信生活”的关照。所以，回归生活世界的诚信教育不仅要关注现实存在的生活，还要关注可能的诚信生活，使人直接探寻可能的诚信生活的意义，建构实现可能的诚信生活。而这种诚信生活能否建构，最为关键的是生活中的“人”。

因此，回归生活世界的诚信教育首先必须联系和研究在此中的人，要做到以人为本，要从生活在社会关系中的现实人出发，而不是从抽象人出发，遵循人们道德心理发展规律，去引导和培养一个坚持现代诚信的人格健全的公民。学生因先天因素和生活环境等不同，个人道德水准发展不统一，具有不同的层次，道德发展会因人而异地经历性质不同但相互密切联系的由低到高的不同阶段。柯尔伯格认为人的道德发展需要经历三个水平、六个阶段。三个水平依次是前习俗水平、习俗水平和后习俗水平。六个阶段分别如下：阶段一是以惩罚与服从作为判断行为对错的标准；阶段二是以工具性的相对主义为行为对错的标准；阶段三是以人与人之间的和谐一致或者“好男孩—好女孩”为行为好坏的依据；阶段四则以遵从法律与秩序为行为正确的标准；阶段五是以法定的社会契约为定向，判断行为的正确与否取决于一般的个人权利和整个社会的统一的标准，不像阶段四那样死守法律；到了阶段六，就是以普遍的公正原则、互惠原则、人权平等和尊重人类尊严等伦理原则思考和判定行为对错。他还提出了道德发展的水平和阶段是固定不变的，因为它们所依赖的认知能力的发展顺序是不变的，并且每一阶段的道德发展都是从前一阶段发展而来并取代前一阶段。所以，根据柯尔伯格的道德发展理论，人的诚信发展水平也相应要经历不同的发展阶段，若是一个人选择诚信的行为纯粹只是考虑自身的利害关系，这样做可以避免惩罚或是服从权威的需要，而不顾及行为对他人的效果及行为本身的好坏，那就意味着此人的诚信道德水平仍处于前习俗阶段；若一个人选择诚信是着眼于社会的希望和要求，考虑是否与自己的身份角色相称或是对既定的特殊群体规范的消极的服从，那就意味着此人的诚信发展水平尚处于习俗水平；若一个人选择诚信能超越现实的道德规范约束，是出于自律的要求，他不再盲从权威，不再非理性服从特定团体，也不再是功利性的选择，那就意味着此人的诚信发展水平已处于后习俗水平。因此，要建立以人为本的大学生诚信发展目标，就要根据大学生认知发展阶段的特点，科学分析大学生诚信发展水平所处的阶段，把先进性要求和广泛性要求相结合，体现目标的层次性，针对不同发展水平的学生提出不同的发展目标，引导他们向更高阶段方向发展。

其次，营造主体间民主平等对话的体验环境。人的道德需求产生于道德体验，人的德行完善也只有在体验活动中才能能动实现。教育者与受教育者在共同的诚信道德生活中体验和感悟是回归生活世界的诚信教育本然要求。受教育者的诚信认知、情感、信仰、理想，都离不开诚信生活过程的切身体验，只有这样才能实现外在的诚信规范向内在德行转化的过程，使其成为学生个体的内在品质。诚信的实践体验应成为诚信教育的主要途径，避免传统式说教和形式主义，为人的人格生成提供活水源头。但是，诚信体验的产生需要一个良好的体验环境，这种体验环境的主题形式可以多样性，既可以是情感性，也可以是冲突性和角色扮演性的，而这种体验环境的营造在很大程度上取决于教育者和受教育者的情感联系。这种良好的情感联系，需要建立在主体间民主平等的关系基础之上。传统道德教育否认了学生主体地位，认为教师和学生在知识能力水平上存在差异，所以二者在人格上是不平等的，视教育者为道德知识的传递者，学生只是等待接收道德知识的容器，导致体验环境营造得不合理，德育效果甚微。因此，有效的诚信教育体验环境的营造，首先要改变教育者和受教育者的关系，要认识到德育过程不仅是传递道德知识、培养道德能力的过程，更是一个交心的互动过程。教育者应该为学生创造宽松、民主对话的教育氛围。从诚信教育主题的设计和进行，都应该尊重受教育者的需求，把受教育者视为一个平等的对话主体，征询他们的意见和建议，让他们可以自由公开地发表自己的见解，理性探讨协商各种话题。而且在诚信教育过程中，教育者不能苛求学生的生命体验与自己相一致，应鼓励学生有自身独立的感悟和体验，即使他们的观点有不合理处，也不能以专断性的决定否决他们的主张，而应通过教育者与受教育者或是受教育者之间的教学对话、生活对话，让他们明白和理解实际生活的复杂性和多元性，懂得要根据自己的道德理性来决定事件的取舍，择其最佳者为，实现善的选择。这样有助于培养受教育者的自身责任意识，学会自我修养，养成自觉的诚信意识和诚信行为。

最后，创建生活化的诚信教育评价体系。从评价的内容来看，对学习、经济、网络、社会活动等生活方面的诚信表现都要进行测评，不仅要检测学生诚信知识掌握程度如何，而且要评价学生的诚信意志、情感、行为等，也就是外显德行内容和内隐德行内容都需要注重。建立完整的测评方法体系，采用多维度、多方式对学生的道德表现进行评定，如问卷调查、个人访谈、作品分析、档案记录等方式，从而提高测评的可信度和有效性[7]。评价的主体也应多元化，改变以往只是教师来评价的方式，要将多层次、多方面的主体纳入评价主体，诸如班主任、任课教师、管理部门、家长、学生本人等，把自我评价、他人评价和社会评价有机统一，以利于对受教育者做出相对客观的评估。评价过程不仅要注重个体间的横向比较，更要从个体发展的角度对其自身进行纵向比较和评价。生活化诚信道德教育评价要引导学生明礼诚信，做到言行一致、表里如一，形成良好的诚信品格，建构诚信生活。然而，如果我们仔细审查某些学校的评价体系，就会发现功利性指标追求已成为评价的主要内容，如奖学金的评定、学生入党情况等的指标体系，大多都倾向于智育的内容，而一些涉及人的诚信品性的内容却强调得不多，致使有些学生只关注学习成绩等内容，仅围绕这些指标行事，忽略了其他有益于个人和社会发展的品德素质培养。因此，教育者要将评价体系视为一根指挥棒，有什么样的评价体系，就会培养什么样的学生。所以，学校应当重视和建构生活化的诚信评价体系，引导学生诚信品格的健康发展。

第二节　推进大学生诚信制度建设

诚信道德规范只有成为人们的内在的意志自律，才有真正的现实性，人们才能够自觉地遵从和履行诚信原则和规范。但是诚信自律能力不是先天就具有的，而是后天的社会化的结果，是在人具备一定的理性思维能力、自我意识和自我意志能力的前提下，通过诚信教育或是个人诚信修养等方式养成的。即使人们没有足够的诚信自律能力，社会诚信建设也不可袖手旁观，放任人们失信的行为，诚信规范需要依靠他律手段来发挥其约束作用。制度因其具有外在的激励和惩戒的强制性，可以为诚信规范构成强有力的保障和支撑。虽然在制度的强制下，人们出于趋利避害的心理遵循诚信规范，具有一定的外在他律性，但是久而久之，却能提高人们的诚信意识，养成诚信行为习惯，变诚信为内在需要的自律规范。因此，加强诚信建设，必须使诚信制度化，健全和完善诚信制度，这是由制度和道德的内在关系决定的，也是诚信道德建设的内在要求，以及弥补诚信教育的不足所需要的。

一、大学生诚信制度化的理论和实践根据

（一）制度与大学生诚信制度

从中文词源学上分析，“制”的原义是裁断、切割，《说文解字》中解：制，裁也；从刀，从未；后转引为制作、规划、制定之意，进而引申为约束、法度的意思。《礼记·曲礼上》言：“越国而问焉，必告之以其制。”其中的“制”即约束、法度的含义。“度”在古时指计算长短的标准和器具，又引申为

法制、法度,《说文解字》中把“度”解释为法制也。《左传·襄公三十一年》:“且是人也，居丧而不哀，在戚而有嘉容，是谓不度。”其中“不度”即指不符合法度。而“制”与“度”合用，则有规定、法度和制定法度、规则的含义。例如,《礼记·礼运》中记载:“故天子有田以处其子孙，诸侯有国以处其子孙，大夫有采以处其子孙，是谓制度。”这里的“制度”主要是规则、规定的含义[4]。在《现代汉语词典》中，制度的基本含义是“要求大家共同遵守的办事规程或行动准则”，也指“在一定历史条件下形成的政治、经济、文化等方面的体系”。

“制度”已成为学术界的重要研究课题，由于各学科研究的视界和学者的研究兴趣不同，对制度的内涵也做出了不同界定。有的学者把制度理解为一种生活方式或思想习惯，凡勃伦就认为“制度实质上就是个人或社会对有关的某些关系或某些作用的一般思想习惯”。

学科特点的不同，制度的具体内涵也有所不同，但是因为这些定义只反映了制度的一些属性，自然也就存在不同程度的局限性，缺少对制度的一般意义上的理解。综合词源学和各学科对制度的理解，本书从一般意义上来理解制度的含义，是指人为制定或自发形成的，具有普适性的，用来调整人际关系和社会关系的或激励、规约人的行为的强制性社会规范或规则体系，它既可以是长期人类生活经验演化而来，也可以是通过设计制定从上而下强制执行的，主要包括法律、规章等正式规则，不包括习俗、惯例等非正式规则。这是因为如果把对人的行为产生影响或规范的内容都纳入制度范畴，制度的概念外延过于宽泛，内涵模糊，让人不易理解和把握。而且随着社会的发展，许多非正式规则已难再发挥约束力作用，而那些仍有作用的非正式规则，已被正式规则纳入采用而成为其构成要素。所以，加强和改进制度建设，主要是针对正式制度的。

从制度的定义可以看出，制度的基本特征比较丰富，主要包括强制性、一般性、确定性、开放性以及一定的矛盾性。制度的强制性体现在它的适用是通过具有一定权威的组织力量和强制手段进行的，这是为了协调人们的利害关系产生的矛盾所必需的，否则无法达到制度规范的预期目的。当然，强制性只是制度的外显表现，制度要真正发挥威慑力的作用，就需要人们对制度的价值产生认同，而要让人们认同制度，制度自身就应该具有伦理性，符合人性和社会价值的诉求。

制度的一般性是指它是一种公共规则体系，适用于未知的、不确定的人和情境，具有普遍的形式公正性，不是针对某一主体，也不是根据身份和地位等有差别地运用制度规则。制度的生成往往是社会发展的需要，是人们对一定社会活动规律认识的结果，能较为持久而稳定地对人们的社会活动产生影响力，具有相对的稳定性，一旦形成就构成了任何个人存在和发展的前提，任何人都要依制度行事，人们在制度面前是平等的。它既保护所有社会成员的合法权利，也要求社会成员平等地遵守和履行制度规定的义务。任何个人和组织都没有只享受权利而不履行义务的特权，谁违反了制度都要受到相应的惩罚。

制度的确定性表现在它对社会活动中的行为主体的权利、义务、范围、程序以及行为后果等方面做出了明确的规定，确定了哪些事情可以做，哪些事情不可以做，假如不顾规定做了这些事要承担怎样的后果等，这就为人们未来行动提供了可靠的指南，给人们提供了行动的范围和方向，而且也能让人们预先知道自己行动的后果，对别人的未来行动也有一种预期，从而减少行动的不确定性。人们之所以产生生产、交换和储蓄之类的积极主动的行为，就是因为制度的确定性给予人们一种有把握性的有利于已的预期。“制度提供了对于别人行动的保证，并在经济关系这一复杂和不确定的世界中给予预期以秩序和稳定”。[18]

制度的矛盾性和开放性是由多个因素共同影响、决定的。由于人自身的局限性，环境的复杂性，现实中不可能制定涵盖所有社会生活和社会关系完备的制度体系，即使某一制度的制定也不可能考虑到所有情况，总有疏漏之处，出现矛盾的地方。所以，有学者说制度作为规则体系本应在思想内容和价值倾向上具有一贯性，技术上达到圆融和自洽，但是制度作为主观的产物和一种技术存在，事实上不可避免地在不同程度上存在着某种内在的裂隙、制度的这种缺陷和内在矛盾有时会导致人们行为决定的迷茫和道德风险，这也说明了社会的生成单靠制度体系运作是不够的。制度应当保持开放性，以利于根据社会变化和实践的发展对制度做出相应的改进，消除制度的滞后性和矛盾性，允许行动者以创新活动来适应新的环境，推动事务的进行和社会的发展。

根据制度和诚信的基本含义及其特征，以及大学生自身特殊性，大学生诚信制度是指有关大学生在其学习、交往、就业等相关活动领域何种行为符合诚信、何种行为是失信的规定，确定大学生的诚信权利、义务和责任等方面的具体规章、规则以及为实现大学生的诚信权利，履行大学生义务，确保其诚信行为得到社会赞同，失信行为获得相应惩戒的程序性规范和规则，比如大学生诚信档案、诚信奖惩方面的规定。大学生诚信制度的建立和巩固发展，是有其客观必然性的。

（二）大学生诚信制度化的理论和实践根据

1. 诚信制度化的可能性：制度与道德的同质性

制度与道德作为社会发展的两种调控方式，在具体内涵上存在不同的特点，在调控的范围和对象等方面也不同，但是这并不意味着两者没有相通性，事实上，它们有紧密的关联性，具有同质性，构成了道德制度化的可能性，使道德领域可以被制度所介入，强制性规范人的道德行为，而道德则可能渗入制度内涵中，共同规约行为主体及其行为，就可日趋稳定社会结构，使人们开展有效的社会活动。这种同质性具体体现在三个方面。

第一，制度与道德都反映着利益关系，都是社会物质生活条件的根源。社会交往实践中最基本的关系就是利益关系，“人们为之奋斗的一切，都同他们的利益有关”。由于人们所处立场等方面的差异有可能导致对利益诉求也不一致，在社会生活中就可能产生对立和矛盾。为了化解或缓和利益冲突，就产生了制定规范来协调这种利益关系的需求，这种规范可能是柔性的道德，也可能是刚性的制度。从这种意义上说，制度是对社会利益关系的确认和安排，道德也并非抽象的原则，人们对行为正确与否、道德的善恶做出判断的基础也是利益。所以，从制度、道德与利益之间存在的关系来看，制度和道德的发展状况是由一定的物质生产方式所决定的利益和需要的具体反映，归根结底是由社会物质生活条件所决定的。

第二，制度与道德有相同的功能作用，具有共同的目标。在特定的社会条件下，道德和制度都属于该社会的上层建筑，虽然制度与道德的表现形式和作用方式或有不同，但它们都具有规范人际关系、调控社会关系和社会生活的作用，而且目标都指向建设一个和谐有序稳定的社会。这就决定了二者内容上诸多方面的一致性。道德所反对，制度往往亦相应地禁止，如不得欺瞒盗抢、危害人身安全等；道德所褒扬，也被制度所认可，尊老爱幼、诚实守信等。制度与道德在实质上都是社会规范的主体，引导和规范着人们什么该为、什么不该为，使人们的社会行为和关系符合人类社会的共同价值目标，维系人类社会的存续和发展。

第三，制度与道德具有共同的价值诉求。制度对权利、义务和责任做出了明确的规定，是一种利益关系上的安排和确认，只有符合正义的制度才能经受起历史的考验和被人们所认可，这是人类对制度精神的理性认识，是人们共同利益的要求，否则，失去正义的制度迟早会被世人所唾弃和责骂。而追求公平、正义是道德的内在精神和价值目标之一，原始社会的血亲复仇的原则和现代社会的权责一致的原则也在一定程度上体现了这种道德精神。正义反映了人类对理想社会与人伦关系的共同认识，正义的内在精神把人类引向稳定的社会秩序和幸福的生活。所以，制度和道德具有相同的价值基础，在现实世界里，若是体现社会公正的道德得不到有效实施，就应该且必须将此种道德赋予制度的含义，通过制度的强制性来保证社会公正价值目标的实现。

因此，正是道德与制度之间的内在关联性和同质性，为道德制度化提供了内在基础，而通过制定和执行符合伦理要求的规则来解决社会领域存在的伦理道德的问题，正成为道德建设一种有效方式。道德制度化的具体体现就是人们把一定社会的道德规范要求制定和完善为制度，并把它实施于道德生活领域。

当然，不是所有的道德规范都能制度化，只有那些关系到全社会根本利益，需要在社会普遍实行的基本的伦理原则、调节普遍利益和特殊利益的规范、基本行为的规范等有必要予以制度化或者法律化。关于道德制度化在我国古代和当代社会有许多典型例子。在古代的《周礼》里，对官员提出的伦理要求和所担当的责任都被典章制度化；唐律则把“三纲五常”加以条文化；古代的“仁政”既是政治伦理体系的核心，也是社会政治制度的精神核心。公民的人身自由、婚姻自由、人格尊严等合法权益，商业活动要遵循诚实守信的原则等，在我国和世界其他国家都以法律或规章制度的形式给予了明确规定。尤其值得一提的是，新加坡在道德制度化方面做得比较出色。为了弘扬东方伦理道德，新加坡以制度的形式详细规定了职业道德、社会公德和家庭伦理方面的要求。道德制度化因兼有道德和制度的特点，可以避免单纯道德教育或单纯制度的局限性，在实践运行中成效强，对于维护社会道德秩序，优化社会道德生活具有独特的意义。

2. 诚信制度化符合个体道德发展规律和道德建设实践要求

马克思指出：“道德的基础是人类精神的自律，而宗教的基础则是人类精神的他律。这里的自律，指的是人们在有或无人监督时，都能自觉遵循社会规范行动，这完全是出于个体内在的需要和依靠自己的力量，而不是外在力量施压的结果，这是道德真正发挥作用而具有现实性的基础。但是强调道德的自律性，并不是否定道德的他律性的存在和作用。事实上，道德作为社会物质生活条件下的产物，不具有天赋性和先在性，人的内在自觉性也不是凭空而来的，是需要经过一个从低层次水平的他律到高水平的自律的转化过程。越是能达到自律，人就越能发挥能动性，思想就越自由，这是经过许多科学家、心理学家等长期观察、实验和研究的结论。涂尔干提出纪律精神、牺牲精神、意志自由三个德行要素，他认为由道德价值观、道德规范转化为行为习惯的过程就是从“纪律”发展到“自主”的过程，即以“他律”到“自律”的过程。皮亚杰的实验研究也表明儿童的道德认知发展经过前道德、他律道德和自律道德三个阶段。5~10岁的儿童处于他律阶段，产生了遵守规则的意识，认为规则是神圣的，不可改变的；10岁或11岁以后的儿童，就达到了自律阶段，认识到社会规则是人制定的，是可以改变的，能比较自主地评价道德规则。皮亚杰的研究路径和结论影响和启发了柯尔伯格，后者参照皮亚杰的研究路径继续深入探究儿童道德认知的发展，同样认为儿童道德认知发展遵循了从他律到自律的发展过程，需要依序经历前习俗水平、习俗水平到后习俗水平三个水平，而且每一个水平又可划分为两个阶段，道德自律性和自主性是随着道德发展阶段的升高而变强。所以，从上述学者的研究结论可知，人的道德发展经由低层次向高层次发展的辩证统一过程，都要经历他律道德到自律道德的过程。他律道德和自律道德之间不是根本对立的，而是相互影响、相辅相成的，他律道德为自律道德的形成提供了基础，自律道德是他律道德发展的升华，两者都是人的道德生活中的重要内容[6]。一般来讲，处在年幼时期的人，心智发育还不成熟，实践经验都欠缺，思考观念和行为举止容易违规，需要借助外在的控制力量来规约其言行。而个体随着身心发展不断成熟，生活经验日益丰富，自我意识和自主性不断增强，就更倾向于依靠内在理性的启迪和教导。但这并不意味着，到了成年阶段就不需要他律约束，事实上，这是不太可能的，因为在一个复杂的社会里，仅靠个人的自律是很难做到的。每一个人都难以消除自己的私欲，只要有私欲的存在，完全自律的可能性就很小。所以，为了控制和引导私欲朝正确的方向发展，防止人们因满足自己的私欲而侵害他人的利益，需要合理的他律来规约成年人，他律对社会生活和个人发展都有积极的价值。

道德建设的目标是提高人们的道德素养，促进社会道德的进步，使社会道德规范体系内化为人们的个体道德素养，同样需要遵循从道德他律到道德自律的原则。这是因为人们把社会规范内化为个体的道德素养，是个体内部条件和外在因素共同发生作用的结果。若是个体不具备一定的内部条件，比如，心智发育有问题，智力低、感受弱，无论怎样施加影响都难以使其内化。只有具备了一定的内部条件，通过理性启迪和情感催化才能提高个体的道德认识和道德情感。若是能予以外在的强制规约力量，使内外因素共同发生作用，就更容易使个体的道德取得进步。也可能虽然内部具备了一定条件，智力和情感上处于正常水平，但内在道德自觉性还比较薄弱，对个体道德发展起不到内部根据的作用，这时个体道德的进步更需要依靠制度规范的外在力量而不是寄希望于个体的内在条件。否则就会出现道德说教天天讲、日夜讲，但是人们照样不遵守，过马路依然横行闯红灯，假冒伪劣依旧难以杜绝，这种种“道德失范”现象，是缺乏必要的伦理制度作保障的结果。

社会转型时期，随着改革开放的深入，人们的社会生活、伦理道德观念均发生很大变化，旧的道德体系渐渐失效，新的道德体系尚未完全确立，生活呈现出个体化、多元化、自由化、科技化和复杂化的趋势，人的自由度不断扩大，同时又使人与人之间的关系更趋复杂。仅靠传统道德的软约束已经很难满足社会发展的需要，迫切需要伦理制度化加以保障，规范人们的权利和义务，限制彼此间相互伤害。而现阶段道德建设所存在的根本问题是制度化程度低，表现出制度供给不足、制度供给结构失衡、制度供给质量低等特点，尽管道德约束和教化具有改良人性的根本意义，但是从现实的可靠性和成本效率来看，建立完善的伦理制度才是最为紧要和成本最低的有效选择。因此，以制度建设作为解决经济社会生活中的伦理道德问题的切入点，通过道德立法，道德的制度化，使道德具有权威性、约束性，这样道德建设实践才会更有成效。

大学生诚信建设是道德建设的重要内容，要让大学生自觉遵守诚信的规范，促进诚信社会的健康发展，需要在加强诚信教育和个人诚信修养的同时，推进诚信规范的制度化。尤其基于当代大学生诚信建设的现状，加强对大学生诚信行为的文明化、制度化是重点。大学生诚信制度作为一种制度，对建立和巩固大学生诚信，增强大学生人际诚信发挥了积极的作用，使大学生诚信变得更可靠。这是因为诚信制度作为一种规范体系，规定了哪些行为可为，哪些行为不该为，哪些行为会得到社会奖励，哪些行为会受到惩罚。人们在一个相对稳定有序的空间里活动和社会交往，可以预见自己的行为，也可以预期他人的行为，人际交往由此变得更加可预知和理解，从而减少不确定性和信息不对称性，抑制机会主义发生，提升人们的安全感和信任感，获得更多的发展机会，使社会变得更有秩序。总之，大学生诚信制度的建立更有助于学生坚守诚信的信条。

二、建构和完善大学生诚信制度

如上所述，大学生诚信制度化是发展大学生诚信品质的重要途径和方式，符合当代大学生诚信建设的发展方向。由于高校对大学生诚信制度建设不够重视，对它的价值和意义认识不足，国家至今没有针对大学生诚信制度。虽然一些高校根据《高等学校学生行为准则》中的“诚实守信，严于律己”的要求或是其他一些思想政治教育的规定出台了一些关于诚信的规章制度，但因内容宽泛、缺乏可操作性，而且在教育实践中缺少相关配套措施，空有其形，对大学生诚信养成没有产生实质性效果。因此，如今最为紧迫的就是科学制定出有效合理的大学生诚信制度。而要做到科学、有效、合理，就要求有关人员在制定大学生诚信制度时，以科学的精神和态度，紧密贴近大学生的诚信实际、生活实际以及大学生的发展特点，在充分调查研究的基础上，归纳分析出有助于大学生诚信习惯形成的正面因素和导致大学生失信的负面因素。按照系统论的观点，任何一个系统都应有明确的目的性。只有整合各种因素，制定一个具有明确功能目标和运行机制的制度体系，并且保证制度设计的公平、包容和开放，才能达到制度实施的最佳效果，从而积极引导大学生形成符合社会要求的诚信理念，规范大学生诚信行为，还能有效地惩戒和遏制他们诚信缺失行为的发生。根据大学生诚信实际以及一些研究者和高校的探索性研究结果，目前，大学生诚信制度要重点建设的是日常活动诚信制度、诚信评价制度、奖惩制度以及诚信档案制度。

（一）大学生日常活动诚信制度

在科学合理的制度约束下，大学生的诚信意识和诚信行为习惯易于形成。

因为科学合理的制度基本阐明了大学生养成诚信的价值和意义，规定了大学生诚信的权利、义务和责任，确定了大学生诚信行为的具体内容，这对大学生树立诚信意识，规范其在日常社会生活中的行为极其有益。所以，应该在《高等学校学生行为准则》中的“诚实守信，严于律己”的基本准则上，建构大学生诚信基本制度。因为大学生诚信是产生于、发展于并体现于活动中的，根据大学生的活动类型，建立相应的活动诚信制度，建构起相对完整的日常活动诚信制度，是当前很多学者或高校建立大学生实体制度的普遍做法。日常活动诚信制度主要包括学习、经济、求职创业、社会交往、政治等方面活动中的诚信规则，参考如下[2]。

1. 大学生学习诚信制度

大学生学习诚信制度是要求大学生在各项学习活动中遵循诚信的规则，主要包括课程学习、学习考核、学术研究等诚信规则。在课程学习上，该制度要求大学生积极参加所学专业规定的各门课程的教学活动，做好课前预习，上课认真听讲，遵守课堂纪律，按时上课，不早退、不旷课，不懂就问，勤学苦练，不代人上课或应答，认真完成老师布置的课后作业，不抄袭、不请人代劳作业，也不找虚假理由拖延、规避作业。在学习考核方面，该制度规定大学生在考核中不能弄虚作假，不找虚假理由申请延迟或逃避作业或考试，不允许以非正常或违规的方式了解考核内容，不抱有侥幸和投机心理，踏实做好复习准备，不替他人代考，也不找他人代替考试、不作弊、不做枪手，考核结果如实向家长汇报。在学术研究方面，该制度严格规定课题申报、学术论文、毕业设计等方面的学术规范，要求大学生发扬实事求是的科学精神，不造假，不窃取他人成果，注重学术质量，违者做出严厉处罚等。

2. 大学生经济诚信制度

大学生经济诚信制度主要用来明确大学生在经济生活领域中与他人、学校和社会经济组织等发生经济关系时所应遵守的诚信规则。在学校经济生活方面，严格落实关于大学生缴纳学杂费的规定，要求大学生自觉按时缴纳，不恶意拖欠，正确履行缓缴或减免学杂费的手续，如数缴纳学费。申请奖助学金时，该制度规定申报材料必须真实可靠，遵循申请程序，并且能正确使用奖助金。申请勤工助学的学生，信守合约规定，不得从事非法经营活动，不得无故离岗，或是无故要求用人单位提高福利报酬等。规范大学生与老师、同学的经济关系，信守承诺、互帮互助，避免逃避责任等不诚信行为发生。在家庭经济生活方面，该制度规定大学生要对父母拥有感恩之心，杜绝奢侈浪费，力行勤俭节约。学校要建立与家长定期沟通制度，主要针对大学生在校期间的经济情况。在社会经济生活方面，考虑到有的学生要向银行申请助学贷款，该制度相应地规定大学生申请助学贷款时材料必须真实可靠，不弄虚作假，按照与银行签订的合同规定，用好助学贷款金，并在毕业后按时、认真履行还款手续。规定要按时归还信用卡透支的金额和手机欠费，杜绝恶意透支和恶意拖欠的失信行为。规范大学生网络经济活动，遵守网络规则，尊重他人知识产权，不骗取他人信息做违法的事情，不发布虚假信息，扰乱社会秩序等。

3. 大学生求职和创业诚信制度

求职和创业活动领域是集中体验大学诚信教育效果的重要领域，是提升大学生诚信意识、养成诚信行为的主要环节。科学设计求职和创业诚信制度，是大学生诚信品质培养的要求，也有助于大学生顺利毕业。根据求职和创业活动的环节，高校有关机构可以对大学生在求职材料、面试、择业、签约履约、创业准备和实施等方面做出相应的诚信规定。在求职推荐材料制作方面，该制度规定大学生如实填写求职材料，真实反映在校期间的学习成绩、实践履历、奖励情况、政治面貌，杜绝任意拔高德才的表现，或是任意伪造奖励和干部履历的行径，建立学生信息公开查阅渠道。在选择职业方面，该制度要求真诚对待应聘单位，按照自己的实际情况搜集、选择应聘单位，不做耽误应聘单位招聘人才的事。在求职面试中，该制度要求不弄虚作假，如实回答用人单位的提问，知之为知之，不知为不知，对自己的信息不隐瞒，也不回避，在咨询个人经济利益的问题时，不含糊，也不虚假接受。在签订就业协议或合同方面，该制度要求严格按照双方约定的时间、地点和程序办理签约手续。如果经过认真考虑不接受该单位工作，要及时通知用人单位，不能推诿、欺骗用人单位。该制度规定大学生在与用人单位签约时必须严格遵守国家的法律政策以及学校相关的就业政策，签约后，要自觉遵守合约的规定，做好履行合约的各项准备工作。在创业筹备方面，该制度明确要求大学生实事求是地按照国家的创业政策和法规，做好创业筹备，不搞虚假宣传，如实向有关部门申报创业筹备、资金来源、运营模式、人员组成等，不以欺骗的方式获取他人注资或技术入股、入伙等，尊重知识产权，诚信经营，坚决不生产假冒伪劣产品和对人体有害的产品[4]。

4. 大学生人际交往诚信制度

该制度主要是规范大学生的日常生活交往、网络交往、社团交往、社会交往等方面的人际交往关系。大学生只有在与他人、团体和社会互动过程中遵守相应的诚信规则和要求，才能建立起相互信任的、和谐的人际关系和人际环境，有助于个体价值顺利地实现。在日常生活交往方面，该制度明确规定同学之间要坦诚相待、友善待人、真诚交往，建立纯洁的同学情谊；师生之间交往，无论是在学习上还是生活上都要坦诚相处，学生要尊重老师及其劳动成果，信任老师，遇到困难及时向老师请教，虚心接受老师的善意的批评，老师也要真诚地与学生交流。大学生在日常生活学习场所，如寝室、教室或图书馆等，应该遵守场所的规章制度，讲诚信、树新风，营造诚信校园氛围。在恋爱交往方面，该制度规定大学生端正恋爱动机，以学业进步和健康成长为取向，互相尊重、信任和支持，树立纯洁高尚的爱情观，不图虚荣、用情专一、真诚交往、举止文明、坚守承诺，勇于承担恋爱的责任和义务。在网络交往方面，该制度要求大学生遵纪守法、文明聊天，不能故意隐瞒信息欺骗网友，不能造谣中伤。遵守网络交往规范，真诚交往和自我保护并重。未经他人允许不得将他人信息告知并不了解的聊天对象，不得诈骗他人钱财，不得侵犯他人知识产权，抵制带有色情、暴力的网络游戏，倡导健康文明的网络游戏。在社会交往方面，无论是在社会实践、志愿者服务，还是与社会人士交往，应该遵循相应的诚信规则。

社会实践中遵守法规及学校管理制度，履行相关协议要求，研究报告要实事求是，不要做有损于实践单位和管理单位形象的事情。在服务实践活动中，志愿者应当秉承“团结友爱、助人为乐、见义勇为、无私奉献”的精神，做到诚实守信。与社会人士交往，不能过于功利化、庸俗化，倡导文明交往、诚信交往，强化道德责任，妥善处理利益关系，不得做出侵害他人利益而换取私利的行为。

5. 大学生政治诚信制度

大学生政治诚信制度包括政治认知、政治情感和信仰、政治行为等方面的诚信规则，该制度要求大学生对党、对国家、对人民忠诚，对自己的言行负责。在政治认知方面，该制度规定大学生应该认真学习和理解把握中国特色社会主义理论体系，关注国际形势发展和国家政策方针，具有马克思主义的基本理论素养，在学习和实践中形成正确的政治认识和政治判断，以保证政治行为的正确性。在政治情感方面，该制度要求在引导大学生形成正确的政治认识的过程中，注意培养大学生热爱祖国和人民、热爱社会主义和共产党的情感，帮助大学生坚定实现中国社会主义现代化和中华民族复兴的信念。在政治意志方面，该制度要求培养大学生不畏惧困难、战胜困难的坚强意志，鼓励其按照国家法律和党的正确主张做出正确的政治行为，克服和抑制不良行为发生。在政治行为方面，该制度明确告诉大学生政治行动是政治认识、政治情感、政治信念等转化现实的过程，是个人思想政治觉悟高低、道德品质优劣的具体体现。政治活动事关国家和阶级阶层的利益，遵循诚信规则是其必然的要求。大学生还应在发表政治言论、政治选举、入党团组织、参加社会公共事务过程中，遵守相关规程、准则和规范，正确履行政治义务和享受政治权利，形成诚信政治行为。

（二）大学生诚信评价和奖惩激励制度

大学生诚信评价是指在正确的教育价值观指导下，根据国家的教育方针、政策和目标的要求，以及大学生未来发展的任务，运用现代教育评价的理论、方法和技术，广泛收集大学生的评价信息，对其诚信的知、情、意、行等方面进行价值判断。这是改进大学生诚信建设的重要举措，目的是通过评价促进大学生诚信行为规范化和诚信品质的养成，最大限度地激励大学生的潜能和调动他们进行诚信实践的积极性。大学生诚信评价制度就是对大学生诚信动机、意志、言行等方面的价值判断确立系列规范，而构建该制度的关键是要确立大学生诚信评价的原则、内容、标准以及评价方式的规范。

大学生诚信评价制度要有利于导向和实现当代大学生树立现代诚信意识，规范大学生的诚信行为，养成诚信品德的目标，同时要保证测评结果的客观准确和有效性。那么，这项制度的构建需要遵循以下几个原则。

1. 发展导向性原则

明确大学生诚信评价制度的构建是以促进每一位大学生诚信品质和学生综合素质发展为目的，尊重学生主体地位，重视学生主体的评价体验，注重过程评价。对评价结果表现优秀给予奖励的目的是激励其潜能，承继诚信品质，而对评价结果表现不好的学生，以教育为主，惩罚为辅，惩戒的目的不只是惩戒，而是引导学生记住失信的教训，引以为戒。通过诚信评价制度的构建，让大学生清楚地认识到哪些行为是符合社会诚信要求的，能被人们所认同和接受，哪些行为是被社会拒绝，不符合诚信规范，这样就有助于他们根据社会发展和学校的要求形成自身的诚信素养。总之，要改变过去那种单纯以奖惩为主要目的的评价机制，因为这容易导致大学生的注意力只关注评价所带来的功利性的奖惩结果，而不重视提高诚信品质的内在需要，坚持以学生发展为导向的评价机制。

2. 科学合理性原则

构建大学生诚信评价制度必须坚持以马克思主义的基本立场、观点和方法，根据学生诚信实际，以及大学生诚信道德的时代和社会要求，遵循大学生的道德品质发展规律。评价指标体系的制定需要包含大学生诚信活动的方面，又限于不能把涉及诚信的所有方面都罗列出来，这就需要统筹兼顾，做到内容要全面，重点要突出，还要根据学生在不同阶段的发展特点，评价的侧重点也相应不同。科学合理性要求在对学生进行评价时，必须公开公正，根据学生的实际情况，不凭个人交情或是主观想象，客观准确地对学生的诚信状况做出评价。

3. 操作可行性原则

此原则要求大学生诚信评价制度的制定和实施，必须在教育目标的指导下，根据现有的资源和环境，从大学生实际情况出发，简单易行，又有可操作性。评价的总体要求切合实际，评价范围和规模要适当，明确评价指标的定性、定量和适用范围，使其简明集中，全面而又有重点。评价标准要有区别性和可达性，即在教育者引导下学生通过努力可以实现的目标，而且保证诚信评价的结果可以横向比较和纵向比较，使评价者能反省自身诚信度，又可让其知道与他人相比在诚信度方面存在的差距。

大学生诚信评价制度的重要内容就是在以上原则的指导下，建立大学生诚信评价指标体系，使大学生诚信评价有章可循、有据可查、有标准可依。指标体系一般由上而下分为目标层、准则层和方案层三个层次。目标层是评价所要实现的目标；准则层是满足目标所应具备的基本要素；方案层是反映基本要素的指标，是采用可量化的指标或指标群，是构建指标体系的最为基层的要素。为了体现事物质和量的规定性特征，每个指标都是由指标名称和指标数值组成。在构建指标体系时，可以运用因素分析法、关键要素法等方法，确定准则层的指标，然后再把准则层的指标细分为方案层指标，包括具体的评价标准。在指标体系中每个指标对完成目标层指标的地位和作用是不同的，需要给予不同的指标以不同的权重数值，但是如果权重数值确定不合理，那么评价结果的准确性将受到怀疑。所以，要使指标体系用于正确的分析和评价，确定指标的合理权重数值就相当重要，一般需要依照客观性原则和主观性原则来确定权重，既要充分反映出被评价对象的自身特点，也要尽可能反映出评价主体的偏好。根据指标选取方法以及一些学者的研究成果，大学生诚信指标体系准则层的指标可以分为学习活动、经济活动、求职和创业、人际交往、政治活动等方面。方案层面的指标可以依据大学生日常活动诚信制度的内容确定，再确定各方面指标的权重和细化评价标准。比如准则层指标求职和创业诚信下的方案层指标包括求职材料、面试、择业、签约履约、创业准备和实施等方面。评价内容可包括：求职推荐材料制作是否真实可信，是否真诚对待应聘单位，求职面试中是否真实可信，在签订就业协议或合同方面是否严格按照双方约定的时间、地点和程序办理签约手续，在与用人单位签约时是否严格遵守国家的政策和法规以及学校相关的就业制度，是否自觉遵守合约的规定，创业筹备、宣传是否如实向有关部门申报，是否尊重知识产权和不生产假冒伪劣产品等。

构建科学有效的大学生诚信评价制度，除了上述提到的要坚持的几项原则和指标体系外，还需要规定评价的基本方式。大学生诚信评价可以采用多样化的形式和手段，比如学生自评、室友互评、班级组织鉴定、社会评价等，把过程性评价和结果性评价相结合，发挥定量评价和定性评价的作用，多渠道、全方位地搜集学生诚信状况信息，形成比较客观准确的评定结果，以实现大学生诚信评价的教育导向和发展导向的功能。

对大学生诚信表现进行评价的根本目的是促进他们的品质发展，评价的过程就是学生发现自身不足不断加以改进的过程，即使评价最后有个结果性的鉴定，也只是对学生某一阶段诚信状况的一种反映，这种评价结果只是为了让学生更清楚地了解自身诚信发展的优势和不足，也是让与学生相关的他者得到一个客观反映学生诚信发展的定性或定量的结论，以利于他者在下个阶段能根据大学生在诚信发展上存在的问题采取针对性措施，而不是刻意把大学生划为三六九等之类。可以对在前期评价结果表现优异的学生适当加以奖励，鼓励其继续发扬优良品质，而对失信严重的学生加以惩罚，督促学生改过自新，即要建立奖惩分明的激励制度。这对于促进大学生诚信品质的发展也是有必要的。通过褒奖那些经常坚持诚信行为的学生，使大学生认识到诚实守信是光荣的，是被人们所认同和倡导的，是人立身于世的基本原则。适当把诚信考核纳入学生优秀奖学金、荣誉称号等评选标准里，嘉奖大学生诚信先进典范，宣传他们的先进事迹，发挥榜样的示范作用和感召力，使大学生认识到诚信的光荣性和优越感以及失信的可耻性，借此激励他们积极主动参与到学校诚信建设中来。

（三）大学生诚信档案制度

大学生诚信制度化实践探索过程中，大学生诚信档案制度的建设值得关注。它是用来客观真实记录大学生在校读书期间的诚信状况，以此帮助发展大学生的诚信意识，树立诚信行为，培育他们的诚信品德。但因受诚信档案管理观念滞后、机制不合理等几方面限制，目前大学生诚信档案建设尚不完善，内容空洞不具体，材料分散不完整，社会功效没能充分发挥，并不适应培养和规范大学生诚信品质的需要，也无法满足社会诚信体系建设的需要。因此，从档案建设的基本原则、基本内容、信息征集和管理等方面进一步健全和完善大学生诚信制度尤为紧迫。

大学生诚信档案建设的基本原则规定了大学生档案建设的价值规范和指导方向，是分析、解决和评价大学生档案建设中遇到的问题的基础。根据大学生诚信发展的规律、档案建设的基本特点等情况，大学生诚信档案制度建设需要坚持客观公正性、民主合法性、教育实用性、合作共享性等原则，切实发挥大学生诚信档案的教育功能和社会功能。客观公正性要求档案的记录和保存必须坚持实事求是，真实客观地记录反映大学生诚信状况的言行，保证诚信材料的原始完整性，反对用主观臆断或猜测而未经证实的或是凭空杜撰的虚假材料，做到公平公正。

民主合法性要求收集档案内容时，要发扬民主精神，采取民主的、公开的方式全面收集和了解大学生的诚信状况，不限于某一方面或是某一机构的信息，避免片面的信息产生负面影响，通过民主的方式让大学生认同该记录的客观可信性。在收集和管理使用档案内容时，必须依法行事，合法录入和使用，尊重大学生的合法权益，尤其关涉大学生隐私的部分更要慎之又慎，不得侵害大学生的基本权益。

教育实用性就是明确规定档案记录哪些内容，而且告知大学生档案记录对个人发展的意义，并定期公布具有良好诚信表现的同学的诚信档案。这样大学生就能提高对诚信档案的功能认识，引导自身在学习生活中发展诚信品质，形成诚信习惯，保证诚信档案能记录和保存自己真实的表现，由此诚信档案就起到了引导教育的作用。实用性就是要使档案材料具有使用价值，既可以为人才培养服务，也就是利用档案的数据和材料为奖励表彰学生、制订诚信教育计划、开创诚信教育新局面等提供依据，也可以利用档案为学术研究所用。而要达到实用性的目的，就要在档案记录、归档、统计等方面进一步加强科学性和规范性。

合作共享性要求大学生诚信档案管理各部门应该加强合作协调、分工整理，在档案材料的收集、评价、管理和使用上做到统一规范、协调一致、整合资源，防止条块分割造成各部门档案记录重复或是内容相互矛盾等问题，有利于最大限度地利用好此类资源。档案资源共享是指在合法保障大学生基本权益的前提下，其一些档案材料可以不同方式向外公开，比如企业人才招聘、银行信用贷款之用。为了更好地实现档案资源共享，可以把学生的档案变为电子档案，以实现与社会网络信用体系相对接。

大学生诚信档案制度最重要的一项内容就是大学生档案需要包括哪些内容。根据上述基本原则要求和有关诚信档案建设的研究成果，大学生诚信档案一般包括学生的个人基本信息、诚信承诺书、在校期间的诚信表现和失信行为记录，以及其他各类对学生诚信评价的记录等。大学生诚信信息的征集方式灵活多样，既可以定期集中收集，比如诚信档案管理部门会同其他征集单位一起在每学期或每学年的某个时间点集中收集，个别情况时也需要及时收集。因为有些诚信信息必须在特定的时间、地点才能收集，错过时机就无法征集，比如考试承诺书。因为大学生诚信信息分布的广泛性和表现的重要性不同，大学生诚信信息的征集也要普遍征集与重点征集相结合。在信息征集过程中要有法可依，以便学生们积极配合，也要提前做好教育引导工作，让学生们认识到诚信征集的目的是促使大学生提高诚信意识，变他律为自律。诚信征集并不是一种要挟学生的手段。

具体来讲，大学生诚信档案的基本内容包括以下四方面。

1. 个人基本信息

个人基本信息具体包括学生的姓名、性别、出生日期、民族、籍贯、政治面貌、院系、专业、学历、联系方式、主要社会关系、健康状况、婚姻状况等。个人信息的征集由管理学生工作的老师来采集，要根据学生的变化发展及时变更信息，以保证数据能客观真实地反映该生的基本事实。它是将来对大学生诚信行为评价的基础性材料。

2. 诚信承诺书

建立学生诚信档案的前提是该生自愿签署诚信承诺书，以表明该生愿意遵守学校诚信制度，履行诚信诺言，自愿接受学校的诚信监督。

3. 各方面的诚信事项和失信记录

诚信事项主要是对大学生各项诚信活动的记载，包括学习活动、经济生活、人际交往、政治活动、求职创业等方面的诚信状况和受诚信教育的记载。

学习诚信事项主要是对学生的学习过程和学校效果的记载，包括课堂学习、学习考核、学术科研等方面遵守纪律和规定的情况，以及通过学习所取得的一些成果，如获奖和相关资格资质证明材料。这些材料由学生所在院系的任课教师、教务人员、辅导员、班主任以及其他行政人员协力合作记录。

学生的经济诚信事项主要是对学生在校期间与学校、老师、同学、家长、社会组织等发生经济关系时的诚信意识和诚信行为的记载，也包括其基本的经济信息如家庭经济状况、缴费注册情况，以及是否助学贷款、勤工助学等情况的记载。这些信息的实时记录和跟踪需要学校学生管理部门与学校财务部门协同努力[6]。

人际交往活动的诚信事项主要是对学生在公共场所、社会实践活动、班级管理、恋爱交往、网络交往过程中的诚信履约情况的记载。政治生活的诚信事项主要包括学生参与社会公益活动、参加党团组织、参与社会管理活动、政治言论的表达等方面的诚信实践状况。这就需要老师和学院相关的党团组织部门平时密切注意和记录。

学生的就业和创业诚信事项主要是对学生求职、实习、签约、创业过程中的诚信情况，以及大学生毕业后的就业去向、通信地址等信息的记载。这些信息可以由学校和学院的职业发展和就业管理部门进行登记和处理。

对于学生失信的记录，要求客观公正，依照程序进行，在记录时分清失信的性质和活动领域，并且详细记录失信的经过和后果，包括时间、地点、事件、有关人员，对他者造成的影响如何，以及对学生的失信行为的处罚与教育情况，学生对失信行为和处罚的态度及其改正情况。

4. 诚信评价的记录

学校或学院根据大学生评价制度的相关规定，依照程序，客观公正地评价学生在某个时间段或某件事情的诚信表现，并把诚信评价的结果及时归入大学生诚信档案，可以作为学生诚信发展的凭证，也可以作为大学生综合素质评价以及其他评优的重要参考指标。

三、大学生诚信制度的实施及其监督

大学生诚信制度只有付诸实践，才能实现其自身的价值和社会意义，也就是真正实现制度制定的初衷，即规范大学生言行和提高大学生的诚信品质，而且只有在其实施检验过程中才能逐步完善制度本身[3]。

实施大学生诚信制度对于发挥制度的功能极其重要，是制度制定出来后首要解决的问题。“实施”的基本含义就是用实际行动落实施行。大学生诚信制度的实施就是把关于大学生诚信制度用实际行动施行，具体包括大学生的学习活动、经济活动、人际交往、求职和创业活动、政治活动等一系列活动。诚信制度的制定、宣传引导、贯彻执行、评价反馈、完善改进等是一个系统复杂的动态过程。衡量大学生诚信制度实施的最大成效的标准就是大学生能自觉接受制度的规范和约束，自觉提高自身的诚信品质。这取决于大学生在实施过程中能否发挥主观能动性，使诚信制度的他律内化为自身的价值目标，实现自我诚信教育与管理。因此，大学生诚信制度的实施要顺利实现成效，需要各方面的通力协作、共同作用，也就是说，既要有高校老师、学生管理部门得力的组织实施，安排丰富的社会实践活动，又需要大学生积极参与，还要社会、家庭等方面的配合。

具体而言，保障大学生诚信制度的实施首先要有坚强的组织领导和协调的管理机构与机制，负责确定诚信制度的实施目标、配套措施、宣传、组织、管理监督，组织安排参加实施工作的有关人员，负责协调解决实施过程中出现的问题。其次，做好教育和宣传导向工作。有关人员要充分发挥课堂教学主渠道作用，教育引导大学生确立符合社会要求的诚信观和制度实施的正确态度；通过新媒体、纸质媒体、各种团学会活动等平台加强诚信舆论宣传，加强校园诚信文化建设。再次，学校可以设法拓展诚信教育的有效途径，如组织大学生诚信社会实践活动，让他们在社会实践中体会诚信制度存在的价值，增强建设诚信社会的责任感，开展心理健康教育启发他们的诚信意识，提高他们的精神境界，积极帮助学生解决诚信制度实施过程中遇到的实际困难。从次，有关机构要采取措施努力提高实施工作人员的专业素养，完善实施人员的选拔和任用机制。最后，学校要加大对大学生诚信制度实施的支持，不仅要从扩大资源和增加经费上来支持，还需要加强对大学生诚信制度实施的科学研究，要把学术研究成果及时转化到加强和改进大学生制度实施实践中，为相关管理部门的咨询、决策、指导等提供智力支持。

另外，不容忽视的是，在大学生诚信制度实施过程中，如果缺少健全的制约和监督机制，那么诚信制度的实施就会变成一句空话，就可能流于形式而不能发挥其效用。因此，高校应同步完善大学生诚信制度实施的监督机制，避免因制度实施不到位，或者相关部门实施诚信制度缺位，导致无法改善大学生诚信的窘况。首先，监督要有系统科学的程序和办法，要让监督有章可循，符合法定程序，提高监督大学生诚信制度实施的有效性和合理性。其次，发挥舆论监督作用。充分利用电视媒体、网络、报纸、公共宣传栏、新媒体等舆论工具，既要报道诚信的成效和失信行为，也要报道有关部门在实施诚信制度中的作为和不作为。再次，监督要落实责任制，明确有关个人及单位组织的监督权力和义务。最后，监督要与评价有机结合，以监督为评价提供凭据，以评价为监督指示方向，确保大学生的诚信制度真正落到实处。

第三节　优化大学生诚信发展的环境

相对于人类主体来说，环境是指环绕人类主体的并对人类主体能产生影响作用的所有外界事物，包括自然环境和社会环境。关于人与环境的关系，马克思曾在批判“环境决定论”的基础上，明确指出人与环境是相互作用的，而且统一于实践活动中，“人创造环境，同样环境也创造人”，“环境的改变和人的活动的一致，只能被看作是并合理地理解为革命的实践”。马克思通过引入实践，消解了人与环境关系的悖论，从而科学地阐明了人与环境的内在关系。所以，在处理人与环境的关系时，我们一方面要注重发挥人自身的主体性，另一方面也要看到环境对人的发展的影响作用，要因地制宜地为人的发展创造一种优良的环境条件。这种人与环境的辩证统一的观点为大学生诚信建设提供了理论指引。因为大学生的发展不是在一个封闭的环境中进行的，诚信品质发展的关键是要发挥学生的主动性来参与诚信实践，自觉把发展诚信变为其内在需要。而要实现此目标，创设一些积极的健康向上的诚信环境，包括学校、家庭、社会环境，都是非常必要的。通过这些优良的环境可以引导和促进大学生树立诚信意识，坚定大学生发展诚信信念。否则，一个诚信得不到保障而失信却不受惩戒的消极的、腐朽的环境必然会对大学生造成不良影响，会使学生对诚信的意义产生怀疑和否定。“近朱者赤，近墨者黑”讲的就是这个道理。因此，大学生诚信品质的形成，是大学生自身和良好的社会大环境互动发展的产物。可见，重点建设好诚信社会、诚信家庭、诚信学校尤为重要和紧迫。

一、构建诚信社会

“社会变化可以直接、间接诱发教育系统的失范行为，其依据是任何一种较为普遍的社会现象，对教育均有相应的氛围效应[5]。如果一些失信行为在社会上继续存在且影响范围较大，如产品广告夸大功效，假冒伪劣横行市场，政策朝令夕改等，并且这些行为不但没受到应有的惩罚，也没有人站出来反对，甚至有的即使缺失诚信却还受益，而另外一些企业或个人却因坚守诚信而遭受损失，或者因他人不守诚信而上当受骗。当大学生目睹或者亲身经历这些行为时，他们就会怀疑诚信的价值，对诚信失去信心，从而影响或削弱学校诚信教育的效果。因此，着力构建一个人人重诚信、守诚信的诚信社会，使讲诚信成为一种社会风尚，对于培养大学生诚信意识和诚信行为，坚定诚信信念具有重要的价值。那么，要构建一个诚信社会，就需要从诚信舆论引导、诚信管理机制、诚信立法和监督、政府和市场建设等方面共同努力。

（一）推进政府诚信，营造社会诚信文化氛围

政府作为国家权力的象征和体现，调节和管理着社会运行，肩负着实现人民的根本利益的使命和责任，其行为具有示范表率作用。要建设一个诚信社会，它的核心和关键要素就是政府诚信，因为通过政府诚信的示范效应，可以直接引导、影响其他社会主体的诚信精神。政府公信力的改观，将直接推动社会公信力的提高，而且政府作为公共管理机构，对改善整个社会诚信环境起着主导性作用。然而，政府诚信的实际状况却不容乐观，存在许多危害政府诚信

的问题，如因政府没能适应社会经济的发展要求而及时转变职能，导致政府职能缺位、越位或者交叉，严重损害了政府在人们心中的形象，导致政府公信力下降；有些政府或个人违法办事，脱离群众，政务不透明，官僚作风、唯利是图、言行不一，致使干群关系紧张，失信于民。

要推进政府诚信建设，使人民相信和拥护政府，就必须克服和解决这些问题。首先，加强对政府人员的诚信教育。有关机构需要教育引导政府人员时刻牢记党和政府全心全意为人民服务的宗旨，摒弃错误的权力观念，树立科学的政绩观念，转变长官意志、利己主义思想和作风，对人民承诺的事情，一定要努力兑现，真心诚意地为民分忧解难，谋福利求发展。

其次，转变政府职能，强化执政为民的理念。社会对政府的公共事务管理需求的变化是政府职能发生相应转变的主要原因。政府能否适应社会的要求确定自己的管理权限，履行自己的责任，而不出现管理越位、缺位或者交叉的状况，将直接关系到政府自身的形象以及在人民心中的地位。我国正处于社会转型的重要时期，对政府职能转变的要求更为强烈，处理好政府、市场、社会的关系是当前最为紧要的问题。根据社会发展的需要，政府必须扬弃计划经济体制下“包揽一切”的管理模式，把本应由市场和社会负责管理的事务交还市场和社会，做好政府本职工作，主要做好宏观调控、制度建设和综合服务的工作，切实履行宪法和法律所赋予的权利和责任，更好地维护和实现各阶层群众的正当权益，不越位、不缺位，职责明确，服务于人民，贡献于社会。

再次，政府及公务人员要做好诚信于民的表率。这就要求政府及其人员要依法执政，杜绝随意的行政行为，维护好公平的市场竞争环境；制定政策和决策要公开、透明，保证政策和决策的稳定性和连续性，依法决策、民主决策、科学决策，自觉接受人民群众的监督；党政干部要率先垂范、务实进取，不兴浮夸之风；加强防范和惩治腐败建设，坚决预防和惩治官员腐败行为，形成廉洁自律的作风，增强政府及其官员拒腐防变的能力。

最后，建立惩罚机制，加大政府及其公务人员失信的成本。设立投诉电话、举报箱等方式依法举报、公布、曝光失信行为，在查清事实的基础上，依照相关法规追究失信者的责任，给予行政上或者经济上的处罚，加大政府及其官员失信的成本，重塑政府的形象及其公信力。

政府能顺应经济社会发展要求及人们的愿望积极推进自身的诚信建设，努力打造成一个法治政府、廉洁政府、诚信政府，这对形成社会诚信文化氛围具有很好的推动作用。同时，政府作为社会公共管理机构，除了应该通过自身诚信建设带动其他社会主体的诚信发展之外，还应负有主动建设诚信社会的责任。诚信要成为社会的风尚，成为人们的行为方式和生活习惯，离不开风俗习惯、教育宣传的作用，以及人的内心诚信信念的支撑，同时需要依靠社会舆论的强化作用。所以，构建诚信社会，就必须营造良好的社会诚信的舆论环境，这是政府和普通公民的共同责任。要通过舆论和宣传教育，弘扬社会正气，让每个人都明白现代诚信是社会秩序、经济发展的重要保障，是个人立身、企业兴旺、国家强盛的需要，是现代文明的象征和标志。此舆论环境的营造有三点可供借鉴。一是要通过广播电视、报纸、期刊、网络等新、旧媒体正面宣传社会主义诚信道德观念，强化职业道德、社会公德和家庭美德，并把诚信宣传教育活动融入社区管理和单位建设中，让全社会都来关心和发展诚信文化。二是要支持媒体舆论监督和公众参与监督。对讲诚信的企事业单位进行公开表扬并给予一定的奖励，树立和宣传诚实守信的先进典型；对欺骗、伪造等不诚信的行为或经营现象给予曝光，加以惩罚，营造正确的舆论氛围，使人们树立诚信光荣、失信可耻的意识。三是净化网络舆论环境，提倡公民恪守网络道德。积极推行“绿色网吧”，为大学生提供有价值的网络学习环境和健康积极的娱乐信息。

（二）完善社会诚信管理制度，构建诚信社会的制度保障

制度设计的前提假设是有坏人的存在，它从本质上说是一种强制性的规范和约束，压制人性中恶的欲望，把人的行为限制在合乎社会正义之内，保证人行为的正当性。若是人超出了制度所规定的范围，就会受到相应的惩罚。好的

制度就是惩恶扬善。当人们还未达到道德“自律”时，制度和法律的“他律”作用非常重要。所以，诚信社会的构建，不仅需要通过教育、社会舆论、个人内心信念的作用来发展人们的诚信意识，鼓励诚信行为，更要利用社会诚信制度和法律来支持和保障诚信道德规范履行，多管齐下，相互作用、相得益彰，培养社会成员的诚信行为习惯和诚信德行，从而构建一个美好的诚信社会。西方有些国家的社会诚信度虽然较高，但不意味着他们的公民素养和社会公德就一定高，最关键的是这些国家具有完善的社会诚信制度，它使这些国家的公民非常重视自己的诚信历史和记录，因为若是他们有欺诈或者欺骗等诚信缺失的行为，一旦被发现和记录下来，这些失信记录将伴随其一生，那么他在余后的时间里无论是学习、生活还是事业都将为这些错误的行为埋单，这种代价是惨重的。所以，在这些国度里，人们因深受完善的诚信制度的强制约束，都非常注重个人信誉而不做失信的事。

健全和完善我国社会诚信管理制度，规范社会诚信行为，约束失信行为，为诚信社会提供制度保障，是改善我国社会诚信状况的必然选择，是保证现代市场经济高效运转的基石，是现代社会法治文明的重要体现和标志之一。社会诚信管理制度是指为规范和保证社会诚信行为及关系而制定的有关制度和法规，包括社会诚信评价、资信征集、资信披露、奖惩和监督等制度和法规。当前最需要和最紧迫的是健全和完善社会诚信评价制度和失信惩戒制度，这是由我国诚信评价制度的现状所决定的。观察我国社会诚信评价的现状就会发现：诚信评估中介机构的资质良莠不齐，运营不规范，社会主体的档案信息传递不公开、披露不规范，评级资料缺少可信度，评价标准不统一等。这些问题明显不符合诚信社会建设的要求，严重影响了经济社会的正常运行。所以，加快建设社会诚信评价制度是当务之急，一是要建立科学的个人或企业的资信档案登记制度、资信评估制度等；二是充分利用现代科技，如可以借助互联网时代的云计算和大数据来提高社会诚信评价制度实施的效度。除此之外，为了防止失信带来的破坏性，依法建立失信惩戒机制是大势所趋。目前，我国有些领域存在严重的失信现象，如造假售假、合同欺诈、黑心棉、地沟油、学术造假、虚假广告等，这些失信行为扰乱了社会秩序，败坏了社会风气，阻碍了我国社会经济的发展。建立失信惩戒机制，就是要在制度和法律上明确规定哪些行为属于失信行为及其应承担的责任，以及相关的诉讼程序，让失信者付出必要的代价，从而在制度和法规上提高失信的成本，降低失信发生的概率，维护社会诚信的美好局面。

因此，完善社会诚信法律制度，使惩戒欺诈者有法可依，威慑人们不敢、不能失信，保障守法者的正当权益。人人都能以诚信为自身的要求，从而促进诚信社会的形成。当然，在加强社会诚信法治约束的同时，还应引入监督机制，通过政府监督、社会监督、媒体监督等方式，保证社会成员正确行使诚信的权利和履行相应的义务，使不讲诚信者无所遁形。

二、发展诚信大学

著名教育学家梅贻琦先生曾以生动的比喻来说明学校和教师在学生成长过程中的影响和作用。他说："学校犹水也，师生犹鱼也，其行动犹游泳也，大鱼前导，小鱼尾随，是从游也。从游既久，其儒染观摩之效，自不求而至，不为而成。"也就是说，大学生知识和技能的增长，良好道德品质的形成，是学生在美好的校园环境熏陶下，教师的教育引导下，体悟学习而来的。这是梅贻琦先生长期从事大学教学和管理者工作总结出来的教育经验。其实，关于学校和教师对学生有重要影响的教育经验或者理论成果有很多，而且也有许多实证例子。所以，大学生要遵守诚信规范和养成诚信品质，必然要求大学组织及其成员在教育实践过程中体现诚信品质，只有大学诚信才能培养出诚信的学生，才能以科学精神探求真理和真心实意地服务社会。

组织伦理精神是组织伦理实体的道德自我意识和道德自觉意志。组织是由个体有机组成的集体，个体道德思维的确立与成熟是组织伦理精神形成和发展的前提条件，但组织不是个体的简单叠加，组织伦理精神也不是个体道德精神的简单扩充，组织伦理精神是在个体道德精神确立的基础上，通过扬弃个体道德精神的特殊性、个别性，达到组织伦理精神的普遍性、公共性大学诚信属于组织伦理精神，它是大学组织及其成员在教育、管理和服务实践过程中的诚实守信。从组织伦理精神与其成员道德精神的关系来看，这意味着大学诚信的构筑离不开每个成员的诚信。但因大学组织在目标和需求、利益取向和价值诉求上不同于其成员个体，大学诚信在形成机制上也与其成员个体诚信存在差异。所以，大学诚信以其成员个体诚信为基础，又超越于其成员个体诚信。因此，要发展大学诚信，不仅要提高大学组织成员的诚信素养和道德水平，而且要对体现和发展大学诚信品质的管理方式、制度设计、校园文化等方面予以重视和建设，最终使得大学诚信成为其成员个体共同享有的伦理价值，并自觉实践之。

大学组织成员包括教师和学生，他们的诚信道德是大学诚信精神形成的前提条件，而其中的大学教师的诚信状况较学生诚信而言更为重要，因为学生作为受教育者，也是在教师的价值引导下自我建构起诚信道德品质的。个体道德精神的形成和发展，既不是仅靠内在的力量自然生发，也不是外在力量的简单塑造，而是在价值引导情境下自我建构而成的，是价值引导和自主建构相统一的过程。在这一过程中，教师自身道德构成了一种最有效的道德情境，教师的诚信榜样示范作用具有普遍的诚信教育价值。教师若能做到“表里如一”“言行一致”，真诚关爱并尊重学生，就可以架起师生心灵沟通的桥梁，赢得学生的信任和喜欢，从而引导学生主动学习实践、自觉体验诚信道德生活，尤其是当学生身处纷繁复杂的道德环境，道德情感上遭遇困惑时，教师的道德形象更会成为激励他们积极情感的动力和指向。所以，提高大学教师的诚信道德水平是学生诚信发展的客观要求，也是大学组织自身诚信发展的内在需要。那么，如何发展教师的诚信道德呢？一方面，主要靠教师自身提高人文素养，自觉加强诚信道德修养，爱岗敬业、严于律己、诚实科研，升华自己的道德人格，通过教师的诚信人格来影响形成学生的诚信人格。只有人格才能影响人格的发展和形成，只有性格才能铸造性格。另一方面，学校组织也要采取措施着力提升教师的诚信品质。首先，建立科学的教师聘任机制。重视教师诚信品质的考量，严把教师入职关，拒绝道德素质低下的教师入职，以免误人子弟。其次，学校可以通过成立诚信学院或诚信教研组的形式，促进大学教师集体诚信意识，增强教师的责任感、荣誉感。再次，将教师道德规范制度化，制定教师诚信制度及其评价奖惩制度。将诚信作为教师的重要考核内容，接受师生的共同监督，对有严重诚信道德问题的教师要依法依章处罚。最后，学校应该关心和呵护教师。学校在力所能及的情况下提高教师待遇，尽量解决他们的后顾之忧，让教师可以安心工作；建立科学公正的制度，为教师创造诚信的工作环境。

由此可知，大学教师诚信品质的培育不仅需要教师自身修养和学校组织的道德教化，也需要学校建立制度规则体系来规范和保障教师的诚信行为，为大学组织的诚信精神的培育和实践提供良好的伦理制度环境。大学组织诚信制度建设包括两个方面，一是诚信制度化，就是把抽象的诚信伦理规范具体化为制度规则，并制定相关的监督机制予以保障实施，以规范和约束大学组织及其成员的诚信行为，形成诚信行为习惯，并内化为德行；二是制度诚信化，要求包括诚信制度在内的制度体系的设计、实施和评估过程中秉承实事求是的态度，坚守诚信的原则。这两方面在大学诚信建设中相互作用、相辅相成。

大学诚信是产生于、发展于并体现于其职能活动中的，根据大学职能活动类型，建立相应的职能活动诚信制度，大学的职能活动主要是教学、科研和服务活动，所以就有相应的教学、科研和服务的诚信制度。

教学诚信制度是有关教师的教学实践行为的诚信规则及其监督保障机制的规定。教师的教学实践行为的诚信规则包括充分的教学准备、准确的教学内容、诚信的教学过程、适切的教学方法、尊重和信任学生，以及考核要客观真实等内容。而且为了保证教学实践诚信的进行，教学诚信制度应该有关于教学诚信监督机制的规定，主要包括建立教师教学诚信档案、教学过程监督、建立信息反馈和奖惩机制等。学术诚信制度是规范学术科研活动，保证学术科研的诚实守信而建立的规则体系及其监督保障机制。

学术诚信规则包括对学术研究的计划、学术活动过程、学术科研成果的发表和鉴定都应该有具体的诚信规则要求。监督保障机制可以从学术科研资源分配机制的完善、学术科研反馈监督机制的健全以及引入第三方评价机制等方面做出规定。

服务诚信制度是对大学的育人服务和科研服务的诚信规则及其监督保障机制的规定。育人服务诚信规则包括专业设置科学合理、招生工作公开透明、就业服务诚实负责等内容。科研服务诚信要求校外学术科研服务要规范，要在保证充分履行校内职责的前提下进行。科研咨询秉承实事求是的态度和精神，科研成果转让要遵循法规，依法履行协议承诺等。为保障服务诚信的实现，服务诚信制度应该对服务诚信的监督机制做出规定，如设立专门小组，规定其相关职责要求。大学诚信制度化，是依据大学职能活动建立的诚信制度，使得大学组织及其成员在履行职能过程中有章可依，而且有助于规范和激励大学组织及其成员个体的诚信行为。

但是，大学诚信的建设仅靠诚信制度化远远不够，还需要实现大学制度诚信化，也就是制度本身及其安排应该符合诚信、正义、科学的原则，才能为大学诚信精神的培育和实现大学组织的价值诉求创造必要条件。具体而言，作为大学诚信的体现和表征，制度诚信化要求制度规则应当反映时代精神和大学的基本价值，以实现人的发展、社会发展和学术自由为根本的价值诉求，大学制度的制定必须体现科学性和民主性，制度的执行必须兼顾各方利益，保证其公正合理。大学制度制定的主体应当具备良好的公共意识和责任意识，具备和践行诚信的能力、素养。

大学教师的诚信状况和大学诚信制度建设是孕育和发展大学诚信的重要因素。同时，校园文化对大学诚信建设的作用也不可忽略。校园文化是学校在办学实践过程中创造的和积淀形成的产物，既包括校园建筑景观、草木绿化等物质形态的内容，也包括学校办学所形成的传统，各种风气，学校的各项规章制度，以及学校成员在教学活动、交往活动中形成的非正式的行为规则。校园文化反映的是一所学校综合实力水平，良好的校园文化具有提高师生素养和道德情操，营造积极向上的氛围等功能，能引领师生反思自己、追求卓越，以形成高尚的人格。所以，建设诚信大学，为大学生创造良好的诚信发展环境，可以通过建设诚信校园文化来实现。一是要设计好校园物质环境，包括教学楼、学生公寓、实验室、图书馆等场所。它们是大学生日常学习、生活和休息的地方，对学生的精神气质、价值倾向、审美观念都有熏陶教化的影响。学校组织者应该重视校园物质环境的建设，营造积极向上的诚信外部环境。二是要建设好校风、教风、学风和班风等校园文化精神层面的内容。通过举行诚信考场、诚信班集体、教研组评比等活动，开展以诚信教育为主题的团课、主题班会、社团活动，以及报刊、广播等媒体宣传诚信先进典型、先进事迹，谴责和处罚不诚信的错误言行，营造诚实守信的校风，推动诚信大学的发展。

三、建设诚信家庭

家庭是随着人类社会发展形成的一种社会组织，是以婚姻关系、血缘关系或是收养关系为纽带而形成的初级社会群体。建设家庭对社会和个人都有极其重要的意义，是社会和个人之间的一个桥梁性组织。社会通过家庭实现对个人管理，个人通过家庭生活经验的积累为融入社会做好准备。家庭在我国传统社会就深受重视，“修身、齐家、治国、平天下”中就突出了家庭的地位和作用。即使在当代社会，随着经济社会的发展，人们组织交往的需要日趋多样化，出现了各种社会组织，但是家庭仍未失去其存在的价值。家庭对社会来说，通过人口的再生产和社会化的环境来维护社会的承续和发展，通过对成员的管束来实现社会的控制。在特定背景下，家庭还推动社会的变化和发展。对个人来讲，家庭满足和保障了个人的基本物质生活需求和情感需要。家庭是社会的精神媒介，为社会成员的社会生活提供基本经验和基本规范。因此，社会的发展离不开家庭，社会成员的培养和教育也离不开家庭，每个道德主体的诚信品性的养成需要诚信的家庭道德环境。

诚信家庭的建设要求家长在日常生活中发挥模范带头作用。欲正人者，必先正己；欲律人者，必先律己。要求子女养成诚信行为，家长首先要做好诚信的榜样，因为在道德生活中，人们素有“听其言，观其行，察其德，然后信其道”的心理特点。如果家长在生活中不能做到言行一致，子女自然会不自觉地效仿，消解家长的诚信教育。比如，有的家长教育孩子要尊老爱幼、文明礼貌，自己却在孩子面前欺凌长辈，在公共场所乱吐痰，行为粗暴；有的家长教育孩子要勤学苦练，不能贪图玩乐，自己却熬夜娱乐，不加节制；有的家长告诫孩子要诚心待人，不说假话，自己却当着孩子的面做一些自欺欺人、弄虚作假的事。在这种家庭道德环境下，孩子是不可能对诚信产生敬畏之心的。家长必须从自我做起，在日常生活中做到真诚待人、信守承诺，对亲朋好友、同学同仁讲诚信，承诺孩子的事情一定要尽力兑现，对社会上发生的事件表明自己的态度和立场，表扬诚信的人物和事件，严厉批判社会上出现的背信弃义、唯利是图、丑恶的缺乏诚信的人和事。当孩子目睹或亲身经历一些失信行为时，家长不要回避，而应找机会积极与孩子讨论这些问题，通过对话了解他们的想法和看法，引导他们正确看待社会的复杂性，并鼓励他们不要逃避，要敢于去应对和解决此类问题，对孩子的正确主张给予肯定和认可，牢固其诚信信念和责任感。只有在这样的诚信家庭环境下，大学生才能从小坚定诚信的价值观念。

第六章

新时代应用型高校学生心理教育机制的建构与整合

心理教育模式是心理教育理论与实践相结合的产物，是心理教育理论应用于心理教育实践的中介环节和桥梁。心理教育模式是在一定的心理教育理念指导下，对心理教育过程及其组织形式做出的特征鲜明的简要表述。所谓构建学校心理教育模式，就是在现代教育理论指导下，为实现学校素质教育的总目标而建立一种心理教育合理的结构和程序，或总结实施心理教育经验，创造新的心理教育模式。

第一节　高校心理教育机制构建的科学依据

高等教育的发展与现代社会息息相关。改革开放背景下东西方文化的融合和冲突、传统的教育观念与现代教育观念之间的渗透和碰撞，使每一个大学生都经历着个人发展与社会发展的适应与矛盾。成长中的大学生适逢改革发展的年代，不可避免地会表现出无所适从的心理。正是在这样的背景下，高校学生心理教育的开展才得到了社会尤其是高校的广泛认同。从深层次看，大学生心理教育适应现代教育，也就理所当然地走进现代高等教育。因为心理教育与现代高等教育都是为了促进青年整体素质更好地发展。随着主体教育观、潜能开发观、终身教育观和个性教育观等现代教育观念的普及和深入，高校心理教育的重要性越发显现，逐步成为高等教育的重要环节。

一、高校心理教育的重要性

（一）高校心理教育在现代教育发展中居于要素地位

高校教育包括以下因素：

1. 教育思想观念

教育思想观念指挥着教育的行为，影响着教育的结果。只有正确的教育思想观念，才有正确的教育行为，才可能实现符合时代要求的教育目标。教育观念包括教育的价值观、人才观、质量观等。现代学校要求教育者必须树立“以人为本”的教育价值观、“承认个性差异”的教育人才观、“全面发展”的教育质量观。我们称之为“三观”。

2. 教育目标

现代教育思想观念指导下所确定的教育目标是：“面向全体学生，全面提高学生的思想道德、文化科学、劳动技能和身体心理素质，促使学生主动活泼地发展。”高校要全面落实大学教育的基础性。我们称之为“三全”。

3. 教育主体素质

学校教育中，教师和学生都是教育的主体。教师是施教主体，学生是受教主体。影响教育质量的，是主体的素质。主体素质可分为思想道德、文化科学、劳动技能和身体心理四个方面。有的学者认为人的素质可归纳为生理、心理、社会三个层面。我们把教育主体素质和培养这些素质的过程归纳为生理、心理、伦理三个层次，称之为“三理”。

4. 课程设置

教育、教学内容是通过课程设置来实施的。现代课程可分为三类：必修课，这是国家规定的，以统一教材为载体，每一个学生都必须完成的课业，它体现了国家对学生在大学阶段所应达到的最起码的要求；选修课，又分为必选课和任选课，它体现了对不同学生的不同要求，是因材施教，也是学生自主选择学习的依据；活动课，它是以实践活动为主要形式的课程，是提供学生理论联系实际，培养创新精神、创新意识和综合实践能力的舞台。必修课、选修课及活动课构成了大学课程的体系。

5. 教学内容

教学内容是决定教育目标实现的关键因素。大学阶段开设的科目繁多，就国家规定的必修课而言，语文、政治、历史、外语，通常被称为文科类；数学、物理、化学、生物、地理，通常被称为理科类；音乐、美术、体育，通常被称为艺体科类。虽然不同年级所开设的具体门类有所不同，但就科类而言，都可归为文科、理科、艺体科这“三科”。

6. 教育时空及外延

教育是有阶段性的。大学内部有初中、高中和不同的年段，从一般学生在校学习的时空来看，又有小学、大学、大学三个学段。无论是年段还是学段，都存在过渡、衔接等问题，处理好各年段、学段之间的过渡、衔接是提高教育效率和质量的重要措施。我们把小学、大学、大学统称为“三学”。

7. 教育主体及外延

对学生素质发展产生影响的除了学校教师外，还有家长（又被称为“孩子成长的第一教师”）和社会的各种传播媒介，这是学校教育施教主体的外延。在现代信息技术高度发展和普及的今天，家庭的、社会的教育影响是不可忽视的，必须使学校、家庭、社会教育一致，互相渗透、互相促进、互相补充，才能使学生健康成长。因此，我们把学校教育施教主体外延成学校教育、家庭教育和社会教育，简称为“三教”。

现代教育正在把传统教育的传授知识模式转变成科学育人模式；把应试教育模式转变成素质教育模式。素质教育的根本目的是全面提高全体学生的自身素质，是强调智能开发、心理品质培养和社会文化水平提高的整体教育。素质教育以生理素质教育和心理素质教育为发展基础，心理素质是社会文化素质的基础性组成部分。高校心理教育不仅是狭义的心理健康教育，更是心理素质教育。高校心理教育在人格和谐发展中占据主导地位。

人的素质主要包括三个层面：一是自然生理成长的层面，如身高、体力，这是遗传机制的发展作用。二是人类环境影响下心理成长的层面，如语言、智能，这是内在动力机制的发展作用。三是在教育环境中文化成长的层面，如知识、技能，这是人类文化继承机制的发展作用。从素质发展层面和素质形成机制来说，人的基本素质包括生理素质、心理素质和社会文化素质，这三个基本成分形成了人的发展的生物水平、心理水平和社会文化水平的层递结构[5]。其中心理素质主要指智能结构、需要结构、人格特点和自我意识。社会文化素质主要指思想道德、知识能力、审美素质和劳动素质。素质教育以生理素质教育和心理素质教育为发展基础，以社会文化素质教育为成长导向，旨在充分发挥每个人的潜能，提高人的整体素质。人的素质的三个基本成分是层次递进的结构，又有相互渗透和影响的作用[7]。

人的素质以生理作为存在的物质载体，以心理作为存在的内在形式，以社会文化作为存在的表现内容。我们所说的高校心理教育不仅是狭义的心理健康教育，更是心理素质教育，它是素质教育中最重要的基础要素。心理素质中的智能是学习知识的重要基础需要，是人发展的内在动力人格和自我意识，影响人的学习方式和文化结构。心理素质是社会文化素质的基础性组成部分。

（二）高校心理教育在人格和谐发展中占据主导地位

教育是培养人的社会实践活动，核心任务是塑造人的个性化、社会化和科学化的整体素质。个性化意味着使人成为自己的主人，社会化意味着使人成为社会的主人，科学化意味着使人成为自然的主人。在知识经济时代，人的个性化、社会化和科学化都有了更高的要求和更深的内涵。人的发展首先是自然化。这一点人同其他动物一样依靠遗传和进化机制的作用变得与整个自然更加和谐平衡，成为大自然的有机组成部分。然后是个性化、社会化和科学化，这些是人类所独有的成长过程，是在心理和社会科学文化层面上的发展。在这些发展进程中，教育的理念是追求人的个性与共性的和谐发展，理性与感性的和谐发展让人从本身意义上成为人。

在人的个体社会化过程中，人格和谐发展构成整体素质的核心部分。人格健康的标准包括三方面：现实知觉良好、了解悦纳自我、人生态度积极。一个人格健康的人能够正确认识现实环境，有适当的行为和情绪反应，有良好的人际关系；能够自我悦纳，有基本准确的自我表现认知，无自卑感，能调节、控制自己的情绪，能够以积极的态度面对人生，勇于承受挫折，敢于克服困难，有良好的行为规范。这样的学生就能够有效地进行学习活动。健康的人格是形成良好品德的基础，与智力活动效率密切相关，有益于促进身体健康和美育发展。它参与适应现代社会的个体社会化进程。通过心理辅导和心理咨询等方式帮助学生人格和谐发展，这是高校心理教育的主要任务，而传统教育恰恰在这一重要方面有所忽略。目前仍有很多高校亟须加强专业心理辅导力量。

（三）高校心理教育在人的潜能发展方面具有主导作用

人的潜能开发基于两方面积淀：一是人类亿万年生命演化的遗传素质；二是人类千百万年社会实践活动的精神财富，而精神财富的“遗传”是教育神圣的使命。教育使得后人能够尽快地站在前人的肩上，推动人类社会更好的发展。开发人的潜能是素质教育的目的之一，这一重任需要心理教育的专业知识和方法，不能简单地包含在普通教学之中。现代智力观认为，人的智力是由多种智力因素组成的，每个人的智力都是多种智力因素的不同方式、不同程度的组合。人与人之间不是比谁更聪明，而是看每个人怎样聪明、在哪些方面聪明。每个学生都是潜能尚待开发的人才，关键是要通过心理教育的途径，让每个学生认识自己的智力结构和开发的对应手段。

人生存在适应与发展这样一对基本矛盾关系中，这一矛盾关系失衡必然导致心理不健康，或者不适应环境，或者发展受到阻碍，或者一方影响另一方。心理教育着眼于学生潜能发展的主流方面，从而带动学生整体进步。高校常常有一些所谓的“双差生”，其原因之一就是学习差使得个人发展受到阻碍，进而导致出现不适应环境的品德差，形成恶性循环。

二、高校思想政治工作中心理教育模式的学理建构

系统科学的整体性原理表明，心理教育模式是一个有机的整体，模式的性质、特点和功能都是由这个整体决定、体现的。系统的要素具有自己独立存在的特点、功能，同时具有互相联系、连接，共同构成新的整体所产生的特点和功能。各要素之间要尽可能接近整体的关键，就是各要素之间须经过优化选择，并匹配、组合得当。建构心理教育模式，要具备哪些最基本的条件呢？第一，内在的基本要素是明确的。第二，具有典型意义的教育活动及其具体类型。第三，探索、形成并筛选出一批具体可感的操作样式。

心理教育模式的建构过程正是对各种有关价值观、教育观等进行审视、选择、认同、整合并不断体系化的过程。这一过程是把心理教育实施过程当作一个系统的整体性来建构，它强调心理教育的操作策略和全部教育因素的有效组合。一般而言，主要从四对常用范畴（维度）来阐释和把握心理教育模式建构的方法论思想，即整体性与单项性的建构、结构性与功能性的建构、事实性与价值性的建构、科学性与人文性的建构。

由于模式是实践与理论的中介，介于实践与理论之间，因而心理教育模式的建构大致分为两种方式：一种是从实践中概括形成，这种模式大多来自心理教育第一线教师的探索实践，其模式建构的实践基础较好，但随机性较大，理论基础较弱，属于自发形成的实践型心理教育模式；另一种是以理论模型为起点，结合心理教育实践所形成的理论型心理教育模式，这种模式大多由心理教育理论工作者和实践工作者共同完成，其理论指导性较强。从心理教育理论建设的要求来看，我们更应强调第二种心理教育模式的建构方式，因为只有在科学的心理教育理论指导下，在扎实的心理教育实践基础上形成的心理教育模式才能更好地适应我国心理教育实践和发展的要求。

三、与心理教育相关的学习理论

学习理论是心理学中最古老、最核心也最发达的领域之一。早在心理学尚未分化出来成为一门独立的学科时，就有不少哲学家论及学习。例如，古希腊哲学家柏拉图、亚里士多德和中国伟大教育家孔子的思想中就有不少论述学习与记忆的内容。自心理学在19世纪初期从哲学和生理学中分化出来成为一门独立的学科开始，对学习性质、学习过程、学习规律、学习动机、迁移以及学习方法策略等，都有大量的研究，从而增强了人们对学习及其本质的理解，形成了系统的学习理论的研究。学习理论的研究试图解释学习是如何发生的，它有哪些规律，它是一个什么样的过程，如何才能进行有效的学习。

一百多年来，心理学家们在探讨学习规律过程中，由于其哲学基础、学科背景和研究手段不同，自然地对学习形成了各种不同的观点。这些不同观点构成了不同的学习理论流派，彼此存在着争论和歧见。例如，行为主义学习理论强调学习是因环境而导致的行为的改变；认知派学习理论认为学习是个体头脑中认知结构的改变，是对外部刺激的意义的理解和建构；人本主义学习理论强调人类学习过程的一些情感因素、动机因素、人际关系和沟通的作用；社会文化理论则强调社会文化对学习的影响，学习是个体自我概念的变化等。下面简单介绍学习理论争论的发展过程。

（一）现代学习理论的发展渊源

心理学作为一门独立的学科是从19世纪晚期冯特建立第一个心理实验室开始的。冯特对研究人类意识经验产生兴趣，他试图把意识分为许多最小的构成要素，像物理学中研究原子、化学中研究元素一样，在心理学中对这些最小的要素进行研究，使之成为一门“真正”的科学。由冯特所领导的第一个心理学派被称为“构造主义学派”，像哲学中的联想主义学派一样，他相信心理是由观念的各种结合组成的结构。如果能发现这种结构，分析思维的要素，就能系统地研究人类的意识。如何分析思维的要素呢？构造主义者使用的主要工具是内省（自己反省）或称“自我分析”，先训练被试者在感知一个物体时详细报告其即时经验——“原始”经验，而不是报告对该物体的解释。

冯特的构造主义很快遭到了来自各心理学学派的批评。以威廉·詹姆斯为创立者的机能主义学派在其极具影响力的《心理学原理》一书中批评道，意识是不能还原为元素的，相反，意识是作为一个整体起作用的，其目的在于使有机体适应环境。机能主义学派代表人物杜威指出孤立地研究一个元素单元（包括一个S·R的关系）纯属浪费时间，因为忽视了行为的目的。心理学的目标应该去研究行为对适应环境的意义，机能主义心理学对学习理论的主要贡献在于他们不是去研究一种孤立的现象，而是研究意识与环境的关系。他们反对构造主义的内省法并不是在于它用结构主义研究意识，而在于它还原为元素的还原主义。他们不反对研究心理过程，而是坚持应该研究这些过程与生存的关系。

（二）行为主义学习理论的发展脉络

机能主义最初是反对构造主义心理学派的。随后，一些心理学家逐渐认为，似乎根本不必去研究意识，为了使心理学研究完全客观化，必须以行为作为其唯一的研究对象，华生积极地接受了这种观念，公开打出了行为主义学派的旗号。他认为，为了使心理学真正成为一门科学，它必须使其对象得到可信的测量。该对象就是行为，在行为主义科学中，对行为的解释是不允许牵涉心理过程的，因为这些过程是不能观察到因而也是无法测量的。

华生在提倡研究行为、反对内省、反对研究意识的主张时，发现俄国生理学家伊万·巴甫洛夫关于条件反射的研究正是他所需要的。用可观察到的条件反射来代替冯特的观察不到的意识元素，他立即发现所有学习皆可用条件反射做解释，也就是以刺激与反应的联系做解释。学习即一系列刺激与反应联系的积累，没有必要再去研究顿悟或传统意义上的思维，因为条件作用足以解释学习的各个方面。在华生看来，心理学是一门纯粹的自然科学的实验性分支，其理论目标在于对行为的预言和控制。华生是极端的环境决定论者，他认为，人类生来具有的仅是极少的一些反射和一些基本的情绪——恐惧、怒和爱。经由经典性的条件作用，这些反射与各种各样的刺激结合，才产生了学习。华生否认任何心理能力和先天素质的存在。在华生和他的追随者格思里、赫尔、桑代克和斯金纳等人的影响下，美国心理学界以行为主义观点为主导研究学习理论，长达半个世纪之久。

（三）认知学习理论的发展脉络

认知学习理论的先驱是德国的格式塔学派。格式塔学派是最初站出来批评冯特的构造主义、元素主义的派别之一。所谓“格式塔”，是一个德语词，意即完形，该学派主张思维是整体的、有意的知觉，而不是联结起来的表象的聚集。以韦特海默为首，加上后来的苛勒、卡夫卡，他们认为结构主义把思维还原为他们所谓的基本要素（元素），而行为主义则把行为还原为习惯、条件作用或刺激—反应联系。两者都是还原主义。他们反对任何一种还原主义，主张学习在于构成一种完形，是改变一个完形为另一完形，学习是“顿悟”。顿悟的发生首先是有机体面临一个问题，发生认知不平衡，这种不平衡具有动机性质，使有机体试图去解决，求得心理的平衡。这种问题解决是通过顿悟实现的。该学派重视创造性、重视理解，这些构成了最初的认知学习论的观点。他们也提出了一系列的学习律，如学习的组织作用、完形趋向律、场论等。

格式塔学派作为早期认知理论，虽已显现出其对学习的许多合理解释，如强调人类学习与动物不同、强调认知结构、创造性等，这些都为现代认知心理学奠定了基础。然而在遗传环境的作用问题上，他们强调遗传的作用，主张内省法，未能与传统的唯心主义哲学划清界限，这些使格式塔学派在当时缺乏行为主义学派所具有的说服力。

直到20世纪60年代，行为主义的统治地位才由于心理学中的“认知革命”而让位。认知学习理论家集中于人类学习的研究。认知派理论朝两个方向发展，一个方向是认知主义，即信息加工论，将人脑比作电脑，探讨人对信息的加工过程，安德森、西蒙和加涅等是杰出代表。另一个方向是新结构主义，即建构主义，这种理论倾向认为，人类的学习是经验的重组、认知结构的获得和建构过程。这种思想来源于皮亚杰的非凡工作。皮亚杰的认知结构思想汲取了格式塔学派关于学习的认知和组织的观点，但是他更强调有机体与环境的交互作用，通过同化与顺应的过程实现与环境的平衡，从学习理论上更强调建构的作用。皮亚杰认为儿童获得知识和道德价值观都不是从环境中直接将知识内化，而是将新知识与已有知识联系起来，从内部通过创造、协调来建构知识。皮亚杰的理论在20世纪60年代被介绍到美国以后，得到了广泛的响应与研究。

在教育心理学领域最有影响的是奥苏贝尔的有意义接受学习论和布鲁纳的发现学习论。这二者都重视所学内容的结构的重要性。

最初的建构主义者受皮亚杰思想的影响，把学习描绘成儿童自身进行探索、发现和建构的过程。20世纪70年代末以来，西方教育心理学受到苏联心理学家维果斯基的强烈影响，强调知识的发展是通过社会建构而激起的，这种社会性的建构是在两个或两个以上的持续谈话的社会环境中进行的。于是，合作学习和交互作用教学等学习（教学）方法应运而生。在与其他人讨论的过程中帮助学习者学到新东西，扩大其认知结构，更清楚地表达他们自己已有的概念并检验那些与别人相左的观念，加以重新建构。通过此类社会性的建构，使学习者的认知结构得以更健康的发展。

（四）人本主义学习论的发展脉络

20世纪60年代，西方社会特别是美国，由于社会和政治原因引起社会动荡不安，人们开始从当时的教育制度和学校、学习理论中去寻找其失误。批评家们认为，行为主义的程序教学和行为矫治使用过度，以至于在许多情况下不切实际地忽视生活中的人类特征。人本主义心理学应运而生，他们一方面反对行为主义不重视人类本身特征；另一方面也指出，认知心理学虽然重视人类认知结构，但却忽视了人类情感、价值、态度等方面对学习的影响。人本主义心理学的主要代表人物是康布斯、马斯洛和罗杰斯。康布斯认为要理解人类行为，必须理解行为者所知觉的世界，从行为者的观点看事物是怎样的。人本主义者关注学习者的情感、个人的知觉，因此，学习情境应该是学生中心和学生定向的。个人应该决定他们自己的行为；学习应该包括新信息的获得和个人对信息的个人化。马斯洛则强调个人的动机倾向是指向自我实现或自我完成，提出需要层级学说，认为低级需要的满足是发展高级需要的条件。罗杰斯则特别强调人类具有天生的学习愿望，当他们理解了学习与他们自身需要的关系时，他们特别愿意学习，并且在无威胁的环境下能更好地学习。罗杰斯还指出教师如果真正体恤学生，表现出对学生的信任和信心，在交流中具有同情心，那么，教师作为学习促进者的角色作用就可以大大地增强。

此外，受维果斯基的社会文化历史论以及人类文化学研究的影响，学习理论界兴起了社会文化理论思潮。这种思潮特别强调社会文化背景、情境以及学习共同体在人的知识建构过程中的重要作用。

几十年来，各派学习理论的争论无法得出谁是谁非的结论，就是因为各派都从一个角度说明了一部分的规则，揭示了部分真理。随着心理科学的发展，尤其是几十年来计算机科学、认知科学、认知神经科学以及学习科学的发展，人们逐渐认识到简单地评论孰是孰非是毫无意义的，重要的在于从各个方面去揭示学习的实质和规律，取各家之长，补已之短。这种互相吸取的趋势使学习理论的研究得到了进一步发展。

四、高校思想政治工作中心理教育机制建构的科学依据

（一）心理教育模式的建构要考虑其自身的本土特色

有的学者认为，建构教育模式存在三级水平：第一级是低水平，其特点是缺乏理论，照搬模式，盲目实践；第二级是中水平，其特点是了解理论，学习模式，重视经验；第三级是高水平，其特点是研究理论，探索模式，指导实践。无疑，心理教育模式的建构应当着眼于第三级水平。心理教育模式是不断地发展变化的，是开放的、发展的、进化的。初级的心理教育模式中孕育着高级的心理教育模式，高级的心理教育模式有待于发展到更高级模式。探寻和建构一个更理想、更合适的心理教育模式，是一个长期的实践过程。在研究和建构心理教育模式时，我们必须同时考虑到：第一，要确立科学的心理教育观；第二，要不断提高实际工作者的素质水平；第三，要建立科学的心理教育规划和制度。只有将这三方面工作与建立健全组织机构有机地结合起来，心理教育模式才能发挥它应有的作用和功能。

心理教育是培养人、引导人的一种社会活动。人的心理的复杂性、教育活

动的复杂性以及社会的复杂性，决定了心理教育固有的复杂性。因此，心理教育模式不可能是单一的，必然是多样的。由单一化向多样化发展是现代教育模式发展的一个明显趋势。实际上，心理教育是一门科学，也是一门艺术，在实践中不可能单一地采用某种模式。要克服心理教育模式的单一化倾向，就要提倡多种心理教育模式的互补融合。综合应用多种模式，能够发挥心理教育的整体功能，保持心理教育系统的最大活力，最大限度地开发学生的心理潜能，全面提升学生的心理素质，从而实现心理教育过程和效果的最优化。所以，心理教育既不能唯模式是从，更不能唯单一模式是从。

未来心理教育的模式必然是“建构模式，超越模式，善于变换，整合互补”。无论哪一种模式，在一定条件下都有合理性、科学性和实用性，不能简单地加以否定。但是，每当一种模式固定下来，僵化了，常常又不可避免地走向反面。心理教育对象不同，目标不同，内容不同，心理教育过程的组织形式就应当有所不同，即心理教育模式应当有所变化、灵活运用。同时，我们应当看到，每一种心理教育模式都各有所长、各有所短，把各种心理教育模式整合起来，相互补充、相互协调，这对实现心理教育的理想目标是必不可少的。这一切决定了心理教育模式不可能是单一的、固定的，必须走向整合。我们需要学会建构模式，超越模式，从科学整合的视野去推动心理教育模式的可持续发展。

（二）以心理教育模式的发展历史为依据

理想的心理教育模式应当是多种心理教育模式整合形成整体结构，才有可能发挥更大的整体功能。也就是说，不应用整合心理教育模式，不包容相关模式形成整体结构，就不可能成功地发挥心理教育的整体功能。不难理解，心理教育模式的包容原理与系统科学的整体原理是一致的，或者说，从系统科学的整体原理可以逻辑地引申出心理教育模式的包容原理。心理教育整合模式的产生和发展，恰恰是系统论整体性原理的充分展示，是“整体大于部分之和”的体现。

我们要从大教育的视域建构起全方位、立体型的心理教育模式。既把心理教育与学校的教育、教学、管理工作等相融合，也将心理教育作为专门的教育或活动开展，还要努力营造物质形态和精神形态的心理教育氛围，从而真正形成整合形态的心理教育模式。概括地说，从整合模式的理念来设计，学校心理教育至少要实现六个结合：各学科教学中心理教育的有机渗透与结合；课内心理教育与课外心理教育的有机结合；显性课程的心理教育与隐性（潜在）课程的心理教育相结合；心理教育与班级管理，共青团、少先队工作及其他管理工作的有机结合；德育、智育、体育、美育、劳育和心育的有机结合；学校、社会、家庭与自我心理教育四方面的有机结合。一些学校虽然没有明确提出"整合"的心理教育思想，但富有成效的心理教育实践往往与整合模式不谋而合。

（三）要以马克思主义的认识论和现代科学的系统论为理论依据

"整合"的意思是要强调一个系统的整体协调，发挥综合优势。其实质就是力求避免用孤立的、片面的、静止的观点来看待心理教育因素，而要用整体的、联系的、动态的观点来认识心理教育过程。根据本书目前的理解，心理教育整合模式的主要内涵是：①理念的整合。以现代心理教育理念为指导，树立和建构全心理教育观（面向全体、全面发展、全过程和全方位、类心理教育观、泛心理教育观、自心理教育观和本心理教育观）。②目标的整合。从人格现代化和个性社会化的要求出发，引导青少年"学会认知""学会做事""学会共处"和"学会生存"，促进青少年心理的和谐发展。③课程的整合。充分重视学科核心课程、心理教育专门课程、活动课程和潜在课程四类课程的整合，探索学科之间的相互协调、相互渗透。④内容的整合。以青少年学生的心理生活为主线，把人格心理教育、学习心理教育、生活心理教育、职业心理教育四大板块的内容有机结合起来。⑤学法的整合。把认知领悟式、活动体验式、角色扮演式、内省调适式等基本方法结合起来，从实际出发灵活加以综合运用。⑥学段的整合。探索学前、小学、大学、大学四个层次学段之间的连贯性和科学衔接，以利于提高心理教育的实效，真正优化心理教育。⑦资源的整合。要实现家庭、学校、社会和自我四大场域中心理教育资源的整合，探索和建构心理教育合力的形成机制。⑧视野的整合。即把心理学、教育学、社会学、医学四大学科视野对心理教育的研究成果加以整合，形成全方位、多层次、立体式的心理教育结构体系。

心理教育模式系统的结构因素不只这些，还有心理教育的队伍、心理教育的评价、心理教育的管理、心理教育的研究、心理教育的硬件设施等。虽然心理教育模式系统的要素复杂多样，但最主要、最活跃，也是最有潜力的要素就是理念、目标、课程、内容、方法、过程、资源和视野等。心理教育整合模式的建构，其目的是最大限度地发挥这些要素的积极作用，整体优化心理教育过程，全面实现既定的心理教育目标，提高心理育人的水平和质量。

心理教育模式的整合是建立在丰富多彩、各具特色的心理教育模式基础上的。强调心理教育模式的整合，并不意味着实现教育模式的“大一统”，而忽视各学科视野与取向的心理教育模式，绝不是放弃各种各样的心理教育模式。没有基础的整合，不是真正意义上的整合。整合论心理教育模式强调各类型、各层次心理教育的有机结合与和谐发展，但绝不是心理教育的机械拼凑、平均用力，而是强调整体协调，彰显重心，创建特色。甚至从某种意义上说，这并不是一种标新立异的心理教育模式，只能看作一种常规性的内在教育要求，一种本应有的现代教育理念。

第二节　高校心理教育机制构建的内容和方式

一、建构主义的基本观点

建构主义并不是“一个”学习理论，很多研究者都把自己的理论称为“建构主义”理论，但其实在具体观点上有很大差异。为了帮助读者理解建构主义的核心观点，下面先对建构主义的基本信念做简要的概括。

（一）知识观

在知识观上，建构主义在一定程度上对知识的客观性和确定性提出了质疑，强调知识的动态性。建构主义者一般强调：①知识并不是对现实的准确表征，它只是一种解释、一种假设，不是最终答案。②知识并不能精确地概括世界的法则，在具体问题中，我们并不是拿来便用，一用就灵，而是需要针对具体情境进行再创造。③尽管我们通过语言符号赋予知识一定的外在形式，甚至这些命题还得到了较普遍的认可，但这并不意味着学生会对这些命题有同样的理解，因为这些理解只能由每个学生基于自己的经验背景而建构起来。这种知识观虽然激进，但它向传统教学提出的挑战值得我们深思。“知识就是力量”是一句对人类发展产生重要影响的名言，但值得注意的是，只有“活知识”才能给人以力量，“死知识”只会禁锢人的头脑，使人成为“书呆子”。学习不能满足于教条式的知识掌握，而是需要不断深化，把握知识在具体情境中的灵活变化。

（二）学生观

在学生观上，建构主义强调学生经验世界的丰富性和差异性。近年来，关于儿童早期认知发展的研究表明，即便年龄很小的孩子也已经形成了远比我们所想象的丰富得多的知识经验。

学生并不是空着脑袋走进教室的，在日常生活和以往的学习中，他们积累了丰富的经验。小到身边的衣食住行，大到宇宙、星体的运行，从自然现象到社会生活，他们几乎都有一些自己的看法。有些问题即便他们还没有接触过，没有现成的经验，但当问题呈现在面前时，他们往往可以凭借相关的经验，依靠自己的推理判断能力，形成对问题的某种解释。由于经验背景的差异，学生对问题的理解常常各不相同，他们可以在一个学习共同体之中相互沟通、相互合作，对问题形成更丰富的、多角度的理解。因此，学生经验世界的差异本身便是一种宝贵的学习资源。每一个“顽童”都有一个七彩的经验世界。教师不能漠视他们已经存在的经验世界，不能像往瓶子里灌水一样装入新知识，而是需要在他们已有的经验世界中找到新知识的生长点。

（三）学习观

与以往的学习理论相比，建构主义在学习观上体现三个重要倾向，或者说重心性变化，即强调学习的主动建构性、社会互动性和情境性[6]。

1. 学习的主动建构性

建构主义认为，学习不是从外界吸收知识的过程，而是学习者建构知识的过程。每个学生都在以原有的知识经验为基础建构自己的理解。在传统教学中，学生的主要任务是对各种事实性信息及概念、原理的记忆保持和简单应用。建构主义的学习和教学则要求学生通过高水平的思维活动学习，通过解决问题学习。学习过程中的核心认知活动是高水平思维（higher-order thinking）。高水平思维是需要学习者付出较高的认知努力的思维活动，它需要学习者对知识进行分析、综合、评价和灵活应用，解决具有一定复杂性和不确定性的问题。解决问题的方法不循规蹈矩，解决问题的方案是多元化的，评价解决方案的标准也是多元化的。学生要不断地思考，对各种信息和观念进行加工转换，基于新、旧知识进行综合和概括，解释有关的现象，形成新的假设和推论，并对自己的想法进行反思性推敲和检验。学习者作为学习活动的主人，需要对学习活动进行积极的自我管理和反思。

2. 学习的社会互动性

传统观点把学习看作每位学生单独在头脑中进行的活动，往往忽视了学习活动的社会情境，或者至多将它看作一种背景，而非实际学习过程的一部分。在学校中，过度的竞争压力已经成为学生发展的障碍。建构主义者强调，学习是通过对某种社会文化的参与而内化相关的知识和技能、掌握有关的工具的过程，这一过程常常需要通过一个学习共同体的合作互动完成。所谓“学习共同体”（learning community）（或称为“学习社群”），即由学习者及其助学者（包括教师、专家、辅导者等）共同构成的团体，他们彼此之间经常在学习过程中进行沟通交流，分享各种学习资源，共同完成一定的学习任务，因而在成员之间形成了相互影响、相互促进的人际联系，形成了一定的规范和文化。学习共同体内部所形成的学习文化是最具实质意义的要素[7]。学习共同体与传统的“班级”有很大差别，它具有以下关键特征：①强调共同体内的各个成员所具有的多元化的知识技能优势，这使每个人都对团体目标作出有价值的贡献，得到认可和尊重。②共同体具有共享性的目标，即围绕共同关注的问题推动集体性知识的持续发展，而不只是个人的知识技能的习得。③在学习活动上强调个人发展与共享性的知识建构活动的统一，强调成员之间知识技能的共享和综合，强调学习资源的共享，强调在成员之间实现学习过程的透明化。④强调共同体对学习过程的自我管理，而非教师的主导性控制。教师作为学习共同体的组织者、促进者，其核心责任是设计和组织以学习共同体为中心的学习活动。

3. 学习的情境性

传统教学观念对学习基本持“去情境”的观点，认为概括化的知识是学习的核心内容，这些知识可以从具体情境中抽象出来，让学生脱离具体物理情境和社会实践情境进行学习，所习得的概括化知识可以自然地迁移到各种具体情境中。但是，情境总是具体的、千变万化的，抽象概念和规则的学习无法灵活适应具体情境的变化，因此，学生难以灵活应用在学校中获得的知识解决现实世界中的真实问题，难以有效地参与社会实践活动。因而，建构主义者提出了情境性认知（situated cognition）的观点，强调学习、知识和智慧的情境性（situativity），认为知识是不可能脱离活动情境而抽象存在的，学习应该与情境化的社会实践活动结合起来。知识是生存在具体的、情境性的、可感知的活动中的。知识不是一套独立于情境的知识符号（如名词术语等），它只有通过实际应用活动才能真正被人理解。人的学习应该与情境化的社会实践活动联系在一起，就如同手工作坊中师父带徒弟一样。学习者（如同“徒弟”）通过对某种社会实践的参与而逐渐掌握有关的社会规则、工具、活动程序等，形成相应的知识。

综上所述，当今的建构主义者对学习和教学做出新的解释，强调知识的动态性，强调学生经验世界的丰富性和差异性，强调学习的主动建构性、社会互动性和情境性。学生是自己知识的建构者，这正是其主体性的内在根据。学生的主体性不是教师仁慈地赋予他们的，而是他们作为学习者天然具有的。只有认识了学习的建构性才能真正认识到学生的主体性。

二、个体建构主义和社会建构主义

如前所述，建构主义没有一个清晰的理论体系，而是包含很多并不完全一致的理论，这些理论大致归纳为两种主要取向：个体建构主义和社会建构主义。

个体建构主义所关注的是学习者个体如何建构某种认知方面的（如知识理解、思维技能）或者情感方面的（如信念态度、自我概念）素质，其基本观点是：学习是一个意义建构过程。这种取向的建构主义主要以皮亚杰的思想为基础发展起来，与原来的认知学习理论（如布鲁纳、奥苏贝尔的理论）有很大的连续性。根据皮亚杰的思想，学习是学习者通过新、旧经验的相互作用，形成、丰富和调整自己的认知结构的过程，新、旧知识经验的双向相互作用表现为同化和顺应的统一。一方面，学习者需要将新知识与原有知识经验联系起来，从而获得新知识的意义，把它纳入已有的认知结构中；另一方面，原有的知识经验会因为新知识的纳入而发生一定的调整或改组。

社会建构主义所关注的是学习和知识建构背后的社会文化机制，其基本观点是：学习是一个文化参与过程，学习者通过借助一定的文化支持参与某个共同体的实践活动来内化有关的知识。知识不仅是在个体与物理环境的相互作用中建构的，而且社会文化互动更加重要。这种建构主义主要在维果斯基的思想基础上发展起来，同时受到了当代科学哲学、社会学和人类学的影响。

综合本节内容，建构主义是认知学习理论的新发展，它从知识观、学生观和学习观提出了一系列新解释。它强调，学习是建构知识的过程，而不是简单获得、接受知识的过程[5]。从认知过程看，知识建构是通过新、旧知识经验之间的同化和顺应过程实现的。

三、高校心理教育机制构建的内容

高校学生心理教育主要是通过学生的心理发展咨询、心理健康知识的宣传普及，提高学生心理预防能力和自我发展能力。可以通过心理咨询机构这一载体，并利用学生工作部门与学生接触面大、接触机会多、了解学生情况以及德育教研室负责学生德育课程教学等优势把学生心理教学、咨询和科研紧密结合起来，逐步形成以心理健康知识教育为中心、以心理咨询为重点、以心理教育研究为指导，充分发挥学生在心理教育中的重要作用，并不断创造符合学生需要的心理教育模式的局面。

（一）以大学生心理健康知识教育为中心，增强大学生自我心理调适能力

大学生心理素质的提高首先需要他们具备一定的心理健康知识，能够对自己的心理状况有一定的了解，形成正确的自我表现意识，掌握心理调适的方法。因此，心理健康知识教育应该是高校正规教育的内容。可通过开设《大学生心理卫生》《大学生心理学》《大学生心理调适》等必修或选修课程，并给予相应的考核和学分使其学科化。科学化心理教育课的教学中，主要讲授三方面内容：一是大学生的心理特点和发展规律，使大学生对自身的心理特点有明确的认识；二是大学生心理健康知识，增进学生对心理健康知识的了解和把握；三是大学生心理调适的常用方法，使学生能够学以致用。应注意的是，心理教育课程教学并非等同于心理学课程教学，教学的目的不是单纯地传授心理学知识，关键是让学生逐步形成心理健康的观念并掌握自我心理调适的方法，增强心理调适能力的同时，应注意发挥学生骨干的作用。根据听课学生的人数成立相应的学生心理互助小组或机构以增大心理健康教育的辐射面，以此延伸和扩大心理教育课程教学的效果和影响。另外，还应注意发挥学生的团体辅导作用，做到教学与咨询相结合。针对目前学生对心理咨询认识不足的实际情况，可通过多种形式的心理测量和集体测试，开展针对性集体辅导。

（二）以心理咨询为重点提高学生心理健康水平

心理咨询是大学生心理教育中最具体和最直接的工作，它对解决个别学生的心理问题具有特殊作用，其效果是心理教育课无法替代的。心理咨询作为一门特殊的专业技术对从事此项工作的人员素质有较高要求，因此，对上岗前咨询人员进行系统的培训和指导，帮助咨询人员熟悉和掌握心理咨询的基本原理和技术至关重要；严格遵守和坚持心理咨询实事求是、理解尊重和保密、交友等基本原则对于确保心理咨询健康活动的开展及树立心理咨询的良好信誉有十分重要的意义。高校心理健康教育中，应对低年级学生及时地进行心理普测并

进行跟踪测试，建立相应的学生心理档案，从整体和个体上把握学生的身心健康状况，有针对性地开展心理教育。心理普查和测试的结果，可及时反馈给学生本人，增强学生的心理卫生保健意识，对学生中带有普遍性的问题进行集体心理辅导；对少数心理问题突出的学生，应做好深入细致的宣传工作，把握好时机，策略性地鼓励他们主动咨询和接受辅导；对有心理障碍和心理疾病的学生，可请专家或更高级别的咨询机构帮助他们解决问题。

（三）以科研为指导，提高心理咨询和心理健康教学的水平

科学理论的正确指导，对于卓有成效地开展心理健康教育有十分重要的意义。高校应注意发现心理健康教育过程中的特殊问题和疑难问题，尤其要注意加强心理健康教育相关问题的分析和研究。可定期举办学生心理健康教育研讨会或经验交流会，多参加一些学术团体举办的各种心理健康教育学术研讨会、成果交流会及相关的学术活动对于开阔心理教育工作者的视野、加强心理教育工作者的业务素养具有极其重要的意义。除积极承担或参与一些课题的研究外还应设立校专项基金，采取相应的倾斜政策鼓励心理教育教师或热心此项工作的教师开展学生心理教育的研究，举办一系列的小型科研活动，如通过校内立项、独立选题、合作立题、专题研究等形式推动心理教育向科学化、专业化的方向发展，同时培养和造就一支素质高、业务精，具有较强综合能力的复合型学生心理教育教师队伍。

（四）积极发挥学生在心理教育中的自我服务和自我教育作用

教师在学生心理教育中的主导作用固然重要，但是，广大学生的主动参与和支持配合同样重要。在学校心理教育方面，欧美国家高校为发挥学生作用所采取的做法给人们提供了许多经验和启示。针对我国的实际情况，各高校可建立诸如“大学生心理健康自助小组”“大学生心理健康研究会”和“大学生心理健康俱乐部”等多种形式的学生心理健康自我教育组织，开展以“大学生恳谈会”“心灵教室”等为主题的心理健康教育活动；应注意培养学生骨干，努力发挥学生骨干在学生心理健康教育活动中的特殊作用。学生自己组织开展的心理健康教育活动，往往会因特殊的场合及学生相互间的交流和启发，而使学生消除或削弱防范和戒备心理，打消顾虑，并起到共同探讨、相互启迪、互帮互助的促进作用；应尽可能多地让学生接受心理健康教育，让学生承担或参加有关的工作，使他们在实践中接受锻炼、积累经验。他们往往能够更具体地提供和反映学生在身心健康方面存在的各种问题，使学校全面掌握学生的身心健康情况，并有针对性地实施咨询和辅导[10]。

（五）针对学生的心理特点，不断创造符合学生心理需要的教育形式

现实生活中，缺乏自信、抑郁、焦虑、人际关系紧张等是大学生面临的共性问题，通过学生相互间的交流在一定程度上可以克服教师与学生在年龄和经验等方面的差异带来的障碍，增进心理教育的效果。通过学生心理健康协会、心理健康互助组织或学生会成员，以心理辅导教师为理论，指导有共同心理问题的学生参加“心理沙龙”“心理互助角”“心理之声”等活动，这些往往会受到学生们的欢迎。高校心理教育过程中，书信咨询、热线电话咨询、专栏咨询等咨询形式也都适合于学生，同时，心理教育教师应与专兼职学生工作教师有机配合，把共同设计并策划的、有利于学生身心健康发展的活动与学生群众组织开展的活动紧密结合起来，对学生党团组织和群众组织开展的各种活动给予热情和积极的指导，如开展一些以交往能力和自信心、个性及耐挫折力培养为主题的活动，使大学生在活动中受到熏陶和锻炼。

随着心理教育的普及开展，其模式的建立也应随着高等教育改革的不断深入和发展而日益丰富，这是一项复杂的系统工程，还有待于广大教育工作者做进一步的探索和实践，努力创造出适合我国高校特点的学生心理教育模式。

四、高校心理教育机制构建的方式

如何使心理教育在学校教育中合理定位，整合模式只提供了一个参照和思路。从我国心理教育发展趋向看，整合形态的心理教育模式是最有发展潜力、

最具代表性的理想教育模式。整合化的心理教育模式体现了全方位、多渠道、立体型的心理教育方略，也是适合现代学校教育特点、适合我国国情、易于操作和推进的心理教育模式，必将在心理教育的理论建设与实践建构方面产生积极的影响。

实施高校教育的整合模式，是一项系统工程。它不仅促进各子系统内的整合，还促进整个系统的内外整合，牵动着学校方方面面的工作，落实起来难度很大。概括地说，就是以点带面，逐步深化。点，就是开展一系列的实验研究，一个一个地探索各子模式实施的方法途径；面，就是学校的整体。把点上研究的成果及时地在面上推广，并始终重视整体协调和各子模式之间的联系、渗透、结合、衔接等，逐步实现学校教育的整合。一般选学校教育中最薄弱、最急需解决的问题为切入点，开展实验研究。在每项研究中都注意选好渗透点、结合点，把握好渗透度，并有机地结合教育教学的实际，通过多种途径和多种形式促进整合。

开展高校心理教育实验研究，促进“三理”整合。《中共中央关于加强和改进学校德育工作的若干意见》中，把加强对学生心理健康教育、健全学生人格作为新时期学校德育工作的重要内容提了出来。心理教育在学校是个薄弱环节，开展心理教育至关重要。心理素质是人的素质的重要组成部分，是其他素质发展的基础和条件。心理教育是学校其他教育的中介，可以这样说，不开展心理教育就不是真正的素质教育。主要做法是：充分重视心理教育本身的特殊功能，开设心理教育课，并开展心理讲座、心理辅导、心理咨询等活动，让学生掌握必要的心理学知识，能正确认识心理现象，培养初步的心理自我调控的能力，排除学生中已存在的心理不适、心理障碍和心理问题，促进心理健康，增强全体学生的心理品质，提高心理素质。同时，在整合思想指导下，把心理教育与德育紧密联系起来，根据《德育大纲》要求和学生心理发展规律，设计一系列有利于学生身心健康发展的心理教育活动，如“五情四感”系列教育活动。“五情”即亲子情、同学情、师生情、家乡情和祖国情；“四感”即是非感、责任感、友谊感、集体感。这些活动由近到远，由浅入深，逐步深化，师生共同参与，在形式上有主题班会、文艺活动、演讲比赛、辩论会，还有远足旅行和参观访问等。把心理教育与德育融为一体，提高了德育和心理教育的针对性和实效性。

学校还把心理教育与各科教学紧密地结合起来，开展学习心理教育。把心理教育融入各学科教学中，通过学习心理诊断、学习心理辅导，促进师生的相互了解，增强师生之间的爱心、信心和恒心，克服教学中的困难，提高教学质量。把心理教育与体育、青春期生理、心理卫生教育和校园文化建设等紧密结合起来，开展青春期心理教育、人际交往教育、人格培养等。通过这一系列相互渗透、相互融合、相互促进的教育活动，深化了教育改革，促进了“三理”整合，学生的心理素质明显改善，非智力因素显著提高，人际关系、学习热情、情感意志等方面明显优于理论值，学校校风、学风变得更好，教育质量逐年提高，受到社会的广泛好评。

教师的核心工作是进行有效的课堂教学。有效的教学不仅取决于教师良好的个人素养，而且取决于一定的教学方法和技能，更取决于做合理的教学计划与选用适合的教学模式。

（一）有效教学与教学计划

在做教学计划、选用有效的教学模式之前，教学者需要了解有效教学的标准或者要素以及教学计划的整体过程。例如，一位教师决定一周用5个小时学习解应用题、用15分钟学习计算时，他的学生学习解应用题的时间比学习计算的时间要多得多。一般来说，多数教师一旦做好一个教学计划，就试图把它贯穿到所有的学习材料和活动中。因此，教师的教学计划对学生的学习效果会产生非常重要的影响。

每位教师几乎无时无刻不在做教学计划（instructional planning）。学年之初做年度计划，学期之初做学期计划，接着是单元计划、每周计划以及每日计划等。这些计划都是相当重要的，并要协调一致。年度计划分摊到每一学期；学期计划分摊到每一单元；单元计划分摊到每一周和每一天。教师的教学经验越丰富，就越容易协调各级水平的教学计划，并使之与课程要求相适应。

1. 设置教学目标

教学目标（instructional objective）是指预期学生通过教学活动获得的学习结果。在教学中，设置教学目标对学生的学习、课堂行为以及教学评价都具有重要意义。首先，有针对性的教学目标能提高学生成绩。学生从学习材料和活动本身看不出所学知识的重要性，而教学目标能够帮助学生集中注意力，从而提高他们的成绩。其次，教学目标能促进课堂行为和交流。一旦明确教学目标，教师就会选择和创造那些能帮助学生掌握重要目标的活动，努力使自己的行为和交流趋向目标。最后，教学目标有利于评价和测验。一般来说，教学评价往往包含学习目标。即使某位教师从来没有确定教学目标，学生们也能通过测验和作业的评级逐渐意识到这些目标。

2. 学习者分析

学习者分析中最重要的工作是分析学习者的起始状态，包括学习者的态度、起始能力、背景知识和技能。

3. 学习任务分析

教师设置教学目标之后，要对每一个教学目标进行任务分析。任务分析（task analysis）是指将目标划化成各级任务、再将各级任务逐级划分成各种技能和子技能的过程。在进行任务分析时，教师要从最终目标出发，逐级按子目标揭示其先决条件，反复提出这样的问题："学生要达到这一目标，必须预先具备哪些能力？"对这个问题的解答有助于教师确定几种基本的技能。假设教师识别出了五种技能，他就要接着问："学生要成功地具备这五种技能，他们必须能做什么？"对这个问题的解答又能使每种基本技能产生许多子技能。如此反推，教师可以描绘出学生成功实现目标所必须具备的能力。

4. 编制测查工具

有些教师将设计和编制测查工具（课堂练习、课堂自测、课后作业等）这一环节放到教学计划的最后一个步骤来进行。事实上，在设置教学目标和分析学习任务之后，就应该开始编制测查工具，然后根据情况对测查内容做适当的调整。具体编制测查工具方法将在有关学习测评的章节中加以介绍。

5. 选择教学模式

在教学中，由于教学目标、学习任务特点以及所持学习和教学理论取向不同，教师将会采取不同方式来组织教学事项的程序结构，并采取相应的教学方法、媒体以及环境来实现这一过程。这一系列的过程是在一定的教学模式的基础上进行的。

6. 设计教学活动形式

教学活动（instructional activities）是指课堂中将教学目标转化成课堂中行为的活动。一般来说，基本的课堂教学活动形式有课堂讲演、课堂问答、课堂自习、小组讨论、实验、阅读、写作、模拟和游戏等。

7. 安排教学媒体和环境

教学媒体（instructional media）是教学信息的载体。一般来说，学校中的教学媒体包括非投影视觉辅助（黑板、实物、模型、图形、表格、图片以及提纲等）、投影视觉辅助（投影器和幻灯机等）、听觉辅助（录音机等）、视听辅助（电影、电视、录像以及远距离传播系统等）以及综合操作媒体（多媒体计算机、多媒体网络等）。各种媒体都有其独特的特点和作用。

（二）教学目标的设定

1. 建构主义的教学目标观

在传统教学中，教学计划几乎都是由教师来做的。建构主义观点认为，教学计划是可分享的、可商议的。教师和学生可以共同决定课堂内容、活动和方法。教师并不将专门的学生行为和技能视为目标，而只是提供宏观上的教学目标。首先，历史教师希望学生能够做到如下几点：一是利用主要的原始资料，阐明假设，进行系统研究；二是处理多种论点；三是成为细致的读者和活跃的作者；四是提出问题并解决问题。

由此可以看出，教师提出的教学目标都是宏观方面的。教师的下一步教学计划是创建一个学习环境，让学生能够依据他们的个人兴趣和能力，将这些宏观的目标细化。教师可以将那些能促进学生有意义理解的、有深度的、多视角的观点、主题或社会问题进一步明确下来并提供给学生。例如，初中历史课上诸如“民主与解放”“公平”或“奴隶制度”之类的主题；在数学和音乐上，有“范型”（patterns）之类的主题；在文学课中，有“人物身份”等主题。教师可以通过画“主题地图”的形式，使主题能够促进学生的学习和理解。以“主题地图”作为指南，教师和学生可以共同确定活动、材料、项目和成绩水平，以促进学生的理解和能力的发展。简言之，建构主义观点下的教学目标是由教师和学生共同商议制定的。教师花很少的时间构思特定的表述，而花更多的时间收集各种资源和推动学生的学习。

2. 对教学目标的批评

事实上，并非所有教育工作者都相信表述教学目标是有价值的。在表述教学目标时，以下两方面的批评是值得注意的。第一，教学目标易使教学关心琐细因素。有些批评认为，琐细的短期目标比较容易具体化，相对而言，高水平的、更相关的目标不易具体化，因此，教学目标似乎与学生真正要学的知识是不相关的。目标一旦过于精确，课程就可能变得死板，教师们就会年复一年地禁锢于这些目标，而忽视了任何新的与这些目标不相符的发展。如果只把低水平的能力定为学习的结果，那么学生的提问和探究等高水平能力的培养将大受限制。第二，在某些课题中表述教学目标很困难。在数学课上，表述教学目标可能相当容易，但在艺术课上，如何表述一个教学目标呢？有人可能认为，在所有的领域甚至在人文和艺术领域，教师也能对学生的作业进行判断。

因此，判断的标准可用来决定教学目标。如果教师能判断一张画是好还是坏，那他就能确定画好画坏的标准，然后根据这一标准写出教学目标。这一做法看似合理，但心理学家们指出，鉴别一张好画，也许凭的是直觉，但这并不意味着就能写出目标，来描述所有好画的评价标准。况且，个人的判断总是带有一定的主观性。

五、高校心理教育机制的建构需要注意的事项

高校思想政治课堂管理是有效教学的重要组成部分，可以为学生创造出良好的学习环境。高校心理教育课程需要重视对相关课程的管理。专家教师往往拥有一套显性和隐性的课堂管理知识和技能，有些教师则常常因为管理困难引发压力和疲惫而导致教学失败。课堂管理涉及方方面面的工作，如教学管理、时间管理、环境管理和行为管理等。

思想政治课堂管理的基本任务就是获得并维持学生在课堂活动中的合作，保持秩序与和谐。一个课堂没有学生的合作，就没有建设性活动。一两名学生就可以打断整个课堂活动的进行。但是，课堂是异常复杂的，涉及不同的人、不同的条件以及不同的工作，在这样特殊的环境中，获得学生合作将是一个巨大的挑战。课堂中的人具有不同目标、不同爱好和能力。他们共同利用学习材料，完成不同的任务。不同的学生对教师的教学要求截然不同。

第一，同时性。课堂中同时发生很多事情。一位教师正在解释一个概念，他还必须注意学生是否听懂了他的解释，决定是否忽视还是制止两名正在悄悄说话的学生，确定还有没有足够的时间进行下一个主题，并且还要决定由谁来回答某个学生刚刚提出的问题。第二，即时性。与课堂生活的快节奏有关。教师一天之内与学生的交流可达成千上万次。第三，不可预测性。即使教师周密细致地做好了计划，一切准备就绪，课仍有可能被打断，如投影机的灯坏了，一名学生突然生病了，或教室外面有愤怒的吵闹声。第四，公共性。全班学生都看着并且评判着老师如何处理这些意外事件，学生总是在注意着老师是否“公正”，是否“偏心”，想知道“违反规则将会发生什么？”第五，历史性。教师或学生做出某一个行动，其意义部分依赖于以前发生的事情。老师对第15次迟到的学生的反应要不同于对第1次迟到的学生的反应。另外，学校最初几周的情况会影响全年的班级生活。

获得学生的合作是一个整体性工作。教师要计划教学活动，准备材料，向

学生提出适当的行为和学业要求，给学生提供明确的信号顺利完成过渡，选择和排列活动以维持秩序，建立信任尊敬的气氛，预见问题并防患于未然，有效处理不良行为等。不同的活动要求不同的管理技能，例如，一个新的或复杂的活动可能比一个熟悉的或简单的活动对课堂管理更有挑战性。

一般来说，课堂管理具有三个重要目标：

（一）争取更多的学习时间

学生用于学习的时间越多，学习成绩越好。但学生的学习时间毕竟有限，学校对时间是有一定规定的。教师真正用于教学、学生真正用于学习的时间只会少于学校所规定的时间。教学时间划分为四个层次：①分配时间（allocated time），是指教师为某一特定的学科课程设计的时间，由课表决定。②教学时间（instructional time），是指在完成常规管理以及管理任务（如记录考勤、处理课堂行为问题等）之后所剩下的用于教学的时间。③投入时间（engaged time），也被称为“专注于功课的时间”，属于教学时间。它是学生实际上积极投入学习或专注于学习的时间。④学业学习时间（academic learning time），属于投入时间，是指学生高效地完成学业所花的时间。

学生的学习时间直接影响他们的学习效果。课堂管理旨在为学生争取更多的学习时间，其真正含义就是让学生投入有价值的学习活动，从而提高所用时间的质量[6]。

（二）争取更多的学生投入学习

每个课堂活动都有一些参与规则。其中有些规则教师明确表述过，而有些规则没有明确表述过，可能属于参与课堂活动的一些“潜规则”。教师和学生可能没有认识到他们在不同的活动中遵守着不同的“潜规则”。例如，在某些课上，学生要想回答问题必须先举手，而在另外一些课上则不必举手，只要看看教师就行。在学校中，有些学生比其他学生的参与性要好，可能是因为他们家庭中参与活动的“潜规则”与学校一致。例如，在有些家庭里，家人在谈话时每个家庭成员都可以随时插嘴，但在学校的交流中，这会被看作打断别人的谈话。为了使所有学生都顺利投入学习活动中，教师要确保每个学生都知道如何参与每一项具体的活动、活动的规则是什么、活动中还有哪些未作说明的“潜规则”以及让学生参与的信号明确一致等。对于有行为障碍和情感障碍的学生，教师尤其需要直接教授他们活动规则，并为他们创造机会练习重要的行为。

第三节　实践化的心理教育整合模式

一、教师中心取向的教学模式

（一）直接教学

直接教学（direct instruction）是以学习成绩为中心、在教师指导下使用结构化的有序材料的课堂教学模式。在直接教学中，教师向学生清楚地说明教学目标；在充足而连续的教学时间里给学生呈现教学内容；监控学生的表现；及时向学生提供学习方面的反馈。由于在这种教学模式中，由教师设置教学目标，选择教学材料，控制教学进度，设计师生之间的交互作用，因此，这是一种以教师为中心的教学模式。直接教学尤其适用于教授那些学生必须掌握的、有良好结构的信息或技能，当教师面临的是深层次的概念转变、探究、发现，或者开放的教学目标时，直接教学就不太适用。

1. 加涅的九大教学事件

在教学中，学生按照事先设计的教学情境进行学习，这种按一定顺序进行的教学活动就是教学事件。加涅指出，学习的条件有内外之分。内部条件是学生具有必要的前提性智慧技能和学习动机与预期。学习的外部条件是教学事件。

教学模式是反映特定的教学理论的，为实现一定教学目标而采取的一系列教学形式、策略的模式化的教学活动结构。在实际教学中，由于教学目的、教学内容、学生情况等多样性，教学模式也是多种多样的，每一种教学模式都反映了一种或几种特定的教学理论，同样，没有哪一种教学模式是具有普遍适用性的，需要教师视具体情况灵活选择教学模式。

2. 直接教学过程

罗森塞恩及其同事在研究有效教学的基础上，提出了典型的直接教学过程。

第一，回顾和检查先前的授课情况。开始上课时改正学生的家庭作业。复习近来教的内容，以此开始新课。如果发现学生存在错误理解，就需要采取一定的补救措施。

第二，提供新材料。告诉学生新课的意图，让学生明确目标。然后一次一点地呈现新信息，进行“小步子”教学，并示范某个程序，提供正例和反例，确保学生理解这些内容。

第三，提供指导性练习。学生在教师的指导下使用新知识进行练习。教师向学生提问，给出练习题目，给学生大量的机会来正确重复和解释刚才教的程序和概念；倾听学生的想法，了解学生不理解的地方。如果有必要，重新教授一遍。继续指导，直到学生的回答正确率达80%。

第四，针对学生的回答给予反馈和纠正。在有指导的练习中，给学生大量的反馈，当学生回答不正确时，如果有必要则重新教授一遍，当学生回答正确时，解释为什么这个回答是正确的。及时反馈非常重要。

第五，提供独立练习。让学生独立地，或者在课堂上，或者通过合作，或者在家庭作业中应用新学的知识。独立练习的正确率应该达到95%以上。作业要有一定挑战性，但不能太难。注意保证让学生理解他们所做的作业。

第六，每周复习，每月复习，以巩固学习。每周或每月复习一下，以巩固学生的学习。每一周开始时，教师都应当复习上一周的课，在每月月末都应当复习这四周所学的东西。学生不能学了新课就忘了旧课。每周或每月的复习包括做家庭作业、经常性的测验、补习在测验中未通过的材料等。

很多研究发现，在直接教学中，学生成绩和教师的直接教学策略有关，而且直接教学模式对成绩差的，以及处于边缘状态的弱势学生具有明显的积极作用。同时，直接教学能够促进某些基本技能的教学。但是，对于如何使用以及为何使用直接教学，还需要进行大量的了解和研究。值得注意的是，直接教学是从教师的有效经验中研究得来的，可能存在一些不利于进一步教学改革的因素，教师需要根据实际教学情境加以灵活应用。

（二）接受学习

接受学习（reception learning）模式是奥苏贝尔所倡导的，在他的认知结构同化理论的基础上提出来的教学模式，也是通常所说的“讲授式教学模式”。当其他教育理论家及社会舆论抨击这种模式的时候，奥苏贝尔却大声疾呼要改进这种模式，他毫不掩饰地拥护讲授教学的主张。这种模式显然是以教师为中心的，与直接教学不同的是，直接教学可能更适合教授程序性的知识与技能，如算术、体育等，而对于陈述性知识，如历史、文学等，接受学习模式则更加合适。下面先介绍接受学习中最为重要的概念——先行组织者，然后阐述接受学习的教学过程。

先行组织者有两种类型：一类是陈述性的（expository），它往往提供一个抽象的观念，为新的学习提供最适当的类属者，与新的学习产生一种上位关系，上面的例子便是陈述性的先行组织者；另一类是比较性的（comparative），用于比较熟悉的学习材料中，目的在于比较新材料与认知结构中相类似的材料，从而增强新旧知识之间的可辨别性，如学习除法时，可以先比较乘法（已学）与除法，帮助学生理解乘法与除法的关系并确认两者的区别。

（三）个别化学习

个别化学习（individual learning）是指让学生以自己的水平和速度进行学习的一种教学模式。个别化学习包括四个环节：①诊断每个学生的初始学业水平或学习不足。②在教师与学生或机器与学生之间构成一一对应的关系。③引入有序的和结构化的教学材料，随之操练和练习。④容许学生以自己的速度学习。个别化学习的模式大都结合了行为主义和认知心理学。其中，行为主义的成分更为明显。

（四）程序教学

程序教学（programmed instruction）是一种能让学生以自己的速度和水平自学，以特定顺序和小步子安排材料的个别化教学方法。其始创者通常被认为是教学机器的发明人普莱西（S.Pressey），但对程序教学贡献最大的是斯金纳。程序教学以精心设计的顺序呈现主题，要求学习者通过填空、选择答案或解决问题，对问题或表述做出反应，在每一个反应之后及时反馈，使学生能以自己的速度进行学习。这种程序能够融入书、教学机器（即一种融入程序学习形式的机器设备）或计算机[5]。

后来，克劳德（N.A.Growder）在斯金纳直线式程序的基础上发展出了分支式程序（branching programs），即程序的材料以各项可选的路径呈现，学生的反应决定了后面学习的路径。

可选的路径，即所谓的“分支”，是学生在完成程序中可能出现问题的预测。这些分支允许回答问题不正确的学生返回并复习有关概念的信息，并且发现为什么反应不正确。不犯错误的学生永远看不到这些框面，能跳到程序中的后一个框面中。分支式程序和直线式程序相比，每个框面将呈现更多的信息：每个框面包含2~3个段，而不是1~2个句子。而且分支式程序一般使用多项选择问题作为引发学生反应的方法，学生选择确认正确答案，而不是像在直线式程序中那样构建一个反应。对一个答案的每一个反应，都将引向程序中不同的页面或框面。

研究表明，直线式教程和分支式教程都能促进学生学习，程序教学能产生和传统的课堂教学一样的效果。采用程序教学还是传统教学，在某种程度上取决于先有的教程是否覆盖了所希望覆盖的范围及教学的安排。程序教学似乎特别适合有技能缺陷的学生，整个教程提供了补课的内容和练习。学生可以自学整个课程，因此程序教学也利于对某个主题的自学。

（五）计算机辅助教学

计算机辅助教学（Computer Assisted Instruction，简称CAI）是指计算机作为一个辅导者，呈现信息，给学生提供练习机会，评价学生的成绩以及提供额外的教学。有时人们也把它称为"以计算机为基础的教育"（Computer-Based Education，简称CBE）。目前，随着多媒体技术、通信网络技术的发展，人们把以计算机为核心的所有个别化教学技术都称为信息技术在教育中的应用。与传统的教学相比，CAI具有四个优越性：第一是交互性，即人机对话，学生可以根据自己的学习情况选择学习路径、学习内容等。第二是即时反馈。第三是以生动形象的手段呈现信息。第四是自定步调等。

在许多方面，CAI和程序教学一样，应用的是行为主义的原理，随着CAI的发展，尤其是多媒体的发展，人们越来越认识到认知心理学对CAI的重要性，逐渐开始强调知识结构、认知学习、自我调控的学习、元认知控制、知识的非线性关系等因素在CAI中的应用。CAI在教学中的模式有操练与练习（drill and practice）、个别辅导（tutorial instruction）、对话（dialogue）、模拟（simulation）、游戏（game）、问题解决（problem solving）六种。

二、学习共同体取向的教学模式

学习共同体（learning community）是指一个由学习者及其助学者（包括教师、专家、辅导者等）共同构成的团体，他们彼此之间经常在学习过程中进行沟通、交流，分享各种学习资源，共同完成一定的学习任务，因此，在成员之间形成了相互影响、相互促进的人际联系。在合作学习、情境性学习、基于问题学习以及支架性教学中，都强调学生之间组成合作小组，教师等其他助学者为合作小组提供支持和帮助。

合作学习是一种越来越流行的教学模式。合作学习（cooperative learning）

是指2～6名能力各异的学生组成一个小组，以合作和互助方式从事学习活动，共同实现小组学习目标，在提高每个人学习水平的前提下，提高整体成绩，获取小组奖励。合作学习的目的不仅培养学生主动求知的能力，而且发展学生合作过程中的人际交流能力。

但是，教师要意识到，小组的划分是至关重要的。如果某个学生认为其他学生并不能帮助自己，他是不会需要他们的帮助，也不会帮助他们的，甚至不会与他们合作学习。有人指出，合作学习必须满足两个条件，才能获得比传统教学更好的效果。第一，必须给予学生承认和奖励，如证书或小组特权等。第二，小组的成功必须依赖小组成员的个人学习，不是整个组的结果，这就是说，各组成员必须一起学习，确保他们的成员都在学习，而不是强调最佳成员的最高成绩。如果这两个条件都满足了，合作学习就能对任何年级、任何课题和任何学校有效。

三、走向实践的心理教育整合模式

（一）心理教育协同发展模式

这一模式的目标建构着重围绕“六个学会”进行，即学会生活、学会学习、学会创造、学会关心、学会做人、学会自我教育。在此基础上，设计符合时代需要和学生心理发展规律的心理教育文本。文本的内在精神体现了协同教育论思想，在横向维度上体现知、情、意、行的协同发展，遵循整体性的心理培育方略；在纵向维度上则体现不同年龄段心理教育设计的协同性与连贯性。这一模式体现了深层次的心理教育理念，为整合论心理教育的设计与运作提供了有影响力的实践例证。

（二）生理—心理——教育协调作用模式

该模式以促进学生积极适应和主动发展为目标，根据教育对象已有心理素质水平和发展需要，以指导学生学会学习、生活、交往、做人，促进智能、个性、社会性和创造性发展为基本教育内容，运用专题训练、学科渗透、咨询辅导等基本方式，从自我认识—动情晓理—策略反思—内化形成品质等主体心理素质形成过程的基本环节，创设适宜的教育干预情境，设计有效的教育策略，最终达到培养健全心理素质、保持心理健康发展的根本目的。

（三）心理辅导模式

这一模式可以用六句话来概括：以了解每个学生为前提，以创设良好氛围为基础，以班级为管理单位，以小组为基本活动形式，以帮助、互助、自助为基本原则，以每个学生参与并发展为基本目标。同时制定了心理辅导工作的五大原则，即心理发展与心理问题防治相结合，个别咨询和全体教育相结合，帮助和自助相结合，尊重和理解相结合，聆听和疏导相结合。

（四）心理教育“四结合”模式

这一模式体现了心理教育环境整体优化的精神。“四结合”是指学校的全员投入和心理教育教师的专门教育相结合；专门心理教育与学校现有课程教学、环境潜在教育相结合；集体心理教育、分组心理辅导与个别心理教育相结合；学校教育、家庭教育和社会教育相结合[7]。通过这四个结合，最终形成一股心理教育的合力，确保心理教育能够产生良好的效果。

（五）“群星拱月”的心理教育“三全”模式

所谓“三全”，即全员、全程、全方位。全员是指全校师生员工、社会力量和学生家长都有责任、有义务对每个学生实施发展性心理健康教育；全程是指教育、教学各个领域的每个过程都要把心理健康教育落到实处；全方位是指心理教育要由校内扩展到校外，包括学生参加社会公益活动并深入社会、投身实践等。所谓“群星拱月”，即“三全”活动的方方面面都以“培养学生健康的心理品质”为核心。如果将这个核心喻为“月”，则方方面面开展的各项活动即可视为“群星”。这一模式的全员运作、全程运作与全方位运作，优化了整个教育教学过程。进行开放式的心理教育，符合学校教育的客观需求，符合教育发展的客观规律。

（六）渗透式心理教育模式

这一模式包括充分重视心理教育本身的特殊功能，开设心理教育课，开展心理讲座、心理辅导、心理咨询等活动。充分重视心理教育与德育的紧密联系，设计一系列有利于学生身心健康发展的心理教育活动。例如，“五情四感”系统教育活动，“五情”即亲子情、同学情、师生情、家乡情和祖国情；“四感”即是非感、责任感、友谊感、集体感。把心理教育与各科教学紧密结合起来，开展学习心理教育；把心理教育与体育、青春期生理心理卫生教育和校园文化建设等紧密结合起来。通过一系列相互渗透、相互融合、相互促进的教育活动，深化了教育改革，促进了“三理”（即生理、心理与伦理）整合，改善了学生的心理健康状况，提高了学生的整体心理素质。

（七）“四结合”全方位、主体式心理教育模式

这一模式充分发挥“学校教育”的特点，有组织、有系统、有计划地对学生进行心理健康教育，以促成其心理健康发展，而不是零散的、片面的、非系统的、不完整的心理健康教育。其目的不仅在于治疗，更在于预防与发展。具体就是心理教育与心理测量相结合，心理教育与心理咨询相结合，心理辅导和心理行为矫正相结合，心理教育与班主任管理工作相结合。这一模式在目标上具有发展性、预防性和治疗性；在内容上具有实践性与针对性；在实施途径上有面向全体学生的心理教育途径、面向个体学生的心理咨询途径、潜在的心理健康教育途径。

上述对教育实践中心理教育整合模式的归纳，反映了心理教育实践对整合论心理教育思想的呼唤，也为整合论心理教育找到了实践的依据。当然，以上所介绍的心理教育实践探索有些还不能看作已经构建了成熟的模式，或者说只能是心理教育的准模式。若抛开观点表述和主张上存在的差异，我们还是可以抽取其中共同的心理教育理念，即通过教育系统各要素的相互联系、渗透、互补、重组、综合、协调等过程，形成合理的心理教育结构体系，实现心理教育的整体优化，促进青少年心理素质全面和谐发展。这也是心理教育整合模式的基本特征。

第七章

基于荣誉教育的教师追求

在现代人的民主视野中，社会上的各行各业，不应有高低贵贱之分，任何正当的职业都应受到全社会的尊重。教师为国培养人才，教师工作质量大则影响国家兴衰，小则直接关系到下一代的命运，责任固然非同小可，意义固然崇高神圣，而且，中国历史上素有尊师重教的传统。可是，横向比较来看，论职业的危险预期，教师不及保家卫国的军人与警察；论职业的社会需求，救死扶伤的医生护士也不在教师之下；论职业的艰辛程度，教师比不上风雨无阻每天工作于城镇大街小巷的环卫工人；论收入，较之社会上那些公认的高薪行业，教师更是等而下之。教育如此普及，数以千万计的庞大教师队伍也很难被列入社会精英。实际上，现实生活中的教师早已不需要被刻意拔高与溢美，毕竟，绝大多数教师不是被这样的赞美吸引入行的。

第一节　健康积极的教学文化

优秀的教学文化造就好教师。多年来，国家在高等教育师资队伍的建设上，着力点不少。激励机制方面有职称制度、绩效工资制度；人员培训方面有全员岗位培训、骨干教师培训、学科带头人培训等；业务培训方面有教学法培训、信息技术培训等。措施多种多样，成绩可圈可点。然而，今天反思一下，当下制约我们教育发展的一个“瓶颈”性因素，仍然是教师队伍建设的滞后，不能满足教育事业的需要。实际上，今天的师资问题，质量问题大于数量问题，是教师总体的素质与能力需要提升。

对于这个问题的解决，教育界内外也许可以提出许多方案；但不能忘记，抓好教学文化建设，是一个治本的思路。过去，我们对此认识不足，研究不够，相关工作没有做到位，而当下教师队伍中存在的有些问题，正是由此滥觞。

高等教育领域，已经有人们熟知的“校园文化”，又有上文中提到的“校园文化”，现在说到“教学文化”，莫非又是炒作概念？

我们当然不是在消费文化这个概念。大量的学者研究告诉我们，在校园这个空间，教育文化的内涵博大精深，论者以不同的视角，涉足不同的领域，就会提出不同的命题。教学文化就是一个独立的研究领域，它既不同于校园文化，也有别于校园文化。

从内涵包容上看，校园文化是一个大概念，其主体是学校组织。它以学校长远的发展为目标，从校内校外两方面切入，即既包含校园内部的文化建设，也包括学校与政府、社会等方面协同进行的文化建设。校园文化包容性极大，“从课程的角度区分，可分为国家课程文化、地方课程文化、校本课程文化、个人课程文化；从群体的角度区分，可分为个人文化、小组文化、团体文化、班级文化、年级文化、科组文化；从行政体系的角度区分，可分为学生文化、教师文化、行政人员文化；从表现形式的角度区分，可分为环境、艺术活动、仪式、制度；从社会体系的角度区分，可分为校园文化、社区文化、外校与本校的文化、上级部门的文化、社会的大文化”。

使用频度最高的“校园文化”是校园文化的一个子系统。就其本质而言，也包含多向度的关注，但纵观当下大学的实践，一般还是指向学校德育，学校多从校园文化设施与文化环境的优化入手，再着力形成以学生为主体的多形式文化活动氛围，以此陶冶学生情操、启迪学生心智，推动良好校风与学风的建设，促进学生的全面发展。

而教学文化，“主要表现在影响教师知识形成的理论知识、教育价值观的确立、对教育的理解及行为表现、教师的学生观、对教学的评价、对教学目标的理解、对教学内容的理解、教学思维习惯的表现、教师的教学思维”[1]。进一步地，在实践层面，我们得知：教学文化是指“教学主体为了解放个性、完善人格、陶冶情操，促进教学主体知情意行和谐发展，加速个体社会化进程，持续提升教与学的品质，而以表意符号或象征符号为中介，在社会文化的规范和影响下，通过师师之间、师生之间和生生之间在教学交往互动过程中多向交流而建构起来的教学生活方式”[2]。显然，教学文化也只是校园文化这个大系统中的一个子系统。我们之所以专门在此论及教学文化，是因为它在教师的发展中，具有特殊且重要的意义。过去，教师可能更多地关注于学生基本知识和基本技能的提高，追求学生考试的成功，而对学生的人格的协调发展、对教师

[1] 晋银峰：《新课程实施中的教学文化研究》，西北师范大学博士学位论文，2009年6月。

[2] 龚孟伟、南海：《教学文化内涵新解及其结构辨析》，载《山西大学学报（哲学社会科学版）》2010年第4期。

自身的同步发展比较忽视，这就是教师对于教学文化的认识缺失。许多教师可能没有意识到，真正扶持自己在专业领域一步步成长的，是学校的教学文化。教学文化自觉，是教师素质的基础，有了这种自觉，教师的进步自然能够行稳致远。

笔者以为，“教学文化”的描述，可用“功能、主体、导向、目标”四个维度勾勒出它的基本框架。

一、教学文化的功能是营造和谐愉快的教学氛围

有理想的教师所追求的是叶澜教授倡导的“有生命的课堂”，正是教学文化的营造功能。人的生命之贵，就贵在能够自主地把生命的有限融入自然的无限中，从而从“自在”走向“自为”。借助这个启迪，显然，“课堂生命”激活的关键，就是教师能否秉持教育价值观。在课堂教学过程中，引领学生，让学生去除传统的能否听懂、能否学会的心理压力，尽可能放松地感悟知识，同时，设法巧妙创建情境，设置兴趣点、兴奋点，引导学生从知识的文本意义出发，逐个打开知识链条中“是什么”“为什么”“做什么”“怎么做”的环节。而在传统形态的课堂中，教师往往急于直奔学生接受与否的主题，让一些悟性平平的学生过早地感受到学习落伍的压力，导致出现知识授受的心理障碍。学生的心理状态下行，课堂的生命何以激活？！生机勃勃，表现在课堂上，就是氛围的和谐愉快。其实，愉悦的课堂氛围，教师是第一受益者，在这样的环境中，教师的好情绪势必与教学的好效果紧密相关。

二、教学文化的建构主体是教师与学生的共同体

教学文化不是凭空产生的，它是由教师（广义上的教师，当然包括校长在内的学校干部群体）与学生共同创建的。而且，教学文化本质上是一种群体性

的实践文化，学校内部一个一个教学单元（班级、年级、教研组）内的教学共同体，就是为教学文化搭建的实践平台。所以，教学共同体并不是一个简单的教师与教师、教师与学生、学生与学生之间的人员组合，重要的是组合进入共同体的教师、学生，能够在校园文化的引导下，相向而行，把自己的学习信念、教学信念、价值观念、志向追求融合在一起，为学习共同体注入一个灵魂。虽然孔孟儒学时代还没有教学文化的概念，但他们已经意识到“教学相长”，这是教学文化的智慧萌芽。今天，教师更应当自觉地改变教师讲、学生听的传统二元课堂，主动带动学生以积极的态度构建学习共同体。师生的学习共同体以教学对话为主要运作方式，以解决师生间的冲突为自身发展动力。在共同体中，教师的受益就是容易找到自己的参照，找到自己的依托。他们在这里，得到越来越多的教学体验，一批批的学生给他们情感的充实，周围同事也给他们经验的分享。在他们的职业生涯中，他们不是形单影只，而是拥有一个可以为他们提供方向与动力的团队。

三、教学文化的导向是集体无意识与教学风俗习惯的形成

教学文化的一个重要组成部分是教学制度。教学制度或来自政府部门，或由学校自行制定，科学的制度应当是教育教学客观规律的文本性表达。对教师、学生来说，教学制度可以是倡导性的行为清单，也可以是“戒律性”的行为“负面清单”。成文的制度本身就是一种教学文化，促进个体对教学文化的吸纳，支持团队教学文化的保持。科学的制度，加上严格的执行，能够把教师与学生导向一种“集体无意识”状态。所谓的“集体无意识”，就是指一种代代相传的无数同类经验在某一种族全体成员心理上的沉淀物，之所以能代代相传，是因为存在相应的社会结构作为这种集体无意识的支柱。作为一种群体心理现象，集体无意识无声无息，但十分深刻地影响着社会中人们的思想和行为。所谓的“教学集体无意识”，是指在历史中形成并代代相传的、沉淀在教

育者群体心中的一种近乎本能的教学心理倾向。作为优秀教学文化的后效，这是一条带着强大正能量的教师发展轨道❶。

四、教学文化的终极目标是促进教师与学生的共同幸福

马克思说："在每一个人的意识或感觉中都存在着这样的原理，它们是颠扑不破的原则，是整个历史发展的结果，是无须加以证明的，……例如，每个人都追求幸福。"❷杨启亮教授曾指出，教师的职业境界有四个层次：一是把教育看作社会对教师角色的规范和要求；二是把教育看作出于职业责任的活动；三是把教育看作出于职业良心的活动；四是把教育活动当作幸福体验。教师的最高境界是把教育当作幸福的活动❸。教育的本质是助人完善、助人发展，教育的本真是幸福的应然，把学生的发展过程变为痛苦大于快乐的过程，是教育的错位，是教育文化的迷失。自觉把握教育幸福的目标追求，是教师的基本教育责任。

第二节　专业认同是教师成长发展的基础

"专业认同"引导教师"认识自己"。教师的专业认同，"主要是指教师个人或群体在教育教学专业实践过程中逐步形成的对自己身为教师的理解与看

❶ 刘庆昌：《教学文化：内涵与构成》，载《教育研究》2008年第4期。

❷《马克思恩格斯全集》(第42卷)，人民出版社1960年版，第373页。

❸ 刘次林：《论教师幸福》，载《教育研究》2000年第5期。转引自王传金、谢利民：《教学文化与教师职业幸福》，载《教育科学研究》2008年第4期。

法，是教师对自己‘我是谁’‘我该怎么做’‘我为什么要这么做’的认知、思考和看法，并将这些认知、思考渗透内化到日常的教育教学价值观、教育教学专业实践行为中的过程”[1]。

这个界定告诉我们，教师的专业认同的完成，首先是教师个人职业自觉的唤醒。专业认同的指向，应当是明确地定位于教师的工作领域。从认识“我是教师”“教师与别的职业有何不同”开始，进而思考作为教师的我“应当做什么”“应当怎么做”“我为什么要这么做”“这么做的效果怎么样”“还有什么办法能够做得更好”这一连串的问题，以及问题的求解，都引导着教师在教育教学实践中，积极去感知，主动去体验。教师个体不断迈向问题本质的思考，在思考过程中对自己职业身份理解的不断深化，对自己职业工作价值的判断，就是教师专业认同的基本方式。

教师专业认同的主体是教师自我，但是它的完成过程，当然不可能只是个人思维的封闭运行。外部如教育行政管理部门、学校、社会等，都会以不同的形式，提出教师职业身份的特定要求。例如，法律法规形式的《中华人民共和国教师法》、《中华人民共和国教育法》、教师资格标准等；道德范畴的教师职业道德规范；学校内部的规章制度，还有社会特别是学生家长对于教师的业绩期待等。这些外界要求有的是指令性的，教师必须接受服从，有的是指导性的，教师则可以酌情接受，但都可以看作外部世界对于教师的“形塑”。教师只有在选择自己职业的同时，内心自愿地、完全地接受这些要求，并且把它转化为自己的工作责任，认真履行，才是完成了自己的专业认同。所以，教师的专业认同，是内外互动建构的结果，其进行标志，是他展示出的自我约束、自我规范的工作实践。目前，我们对入职教师，也会有入职教育，宣讲教师的应知应会，然而重点在于强调教师的无条件遵从。而对教师专业认同的内化进程，关注不多，使之流于自生自灭状态，这是今后我

---

[1] 李彦花：《教师专业认同与教师专业成长》，载《课程教材教法》2009年第29卷第1期。

们必须注意纠正的。

教师专业认同，只有进行时，没有完成时。教育本身就是动态的，教育目标、教育内容、教育方式、教育标准都会随着经济社会的变迁而改变，因此，教师的专业认同也应当积极适应外部环境的变化，与时俱进，否则，就会偏离专业认同的应然指向而陷入进退失控状态。

显然，教师专业认同，反映的是教师在专业化道路上的成长。自觉的专业认同，将促使初出茅庐的新手，成长为游刃有余的熟手；而深度的专业认同，则会进一步地把他送到举重若轻的高手位置。

教师专业认同，首先要认识教师职业特点与职业价值。了解教师职业特点及其价值，是做好职业岗位工作的前提。教师职业，其对象、任务、方式、特点有别于其他职业。

多年前，教育界泰斗顾明远先生对此有过精辟的解读，今天读来倍觉深刻。

“教师职业的对象是活生生的人，不是无生命的物质，是正在成长中的儿童青少年。他们具有主观能动性，而且千差万别，人人不同。社会职业中没有任何职业的对象能像教师职业的这种对象有如此的复杂性。”[1]复杂在于，无论在哪一个教育阶段，教师学生之间，教育者与受教育者之间，绝非有刺激就有期望的应答——不同的学生接收教师发出的同一个教育信息，必然有不同的反应方式。有的接收后，很快完成内化，教师达到教育目的；有的只有部分内化，有的甚至只有内化意愿没有内化能力，这两种情况，都导致教师教育目的落空。所以，教师职业劳动天然的是一种复杂的脑力劳动。

教师以“教书育人”为己任，在完成有效知识教学与能力培养的同时，还要塑造学生人格，培养有理想、有道德、有文化、有纪律的人。教师职业内在的性质要求他对于工作对象，必须具有一个影响覆盖的全面性。

教育工作，还有一个很特殊的现象，就是教师在工作过程中，他自身就是

[1] 顾明远：《教师的职业特点与教师专业化》，载《教师教育研究》2004年11月。

一个“工具”，除了运用一些必要的设备设施，他在无形与有形之间，要用自己的“知识、智慧、人格魅力在和学生共同活动中去影响学生”。这就是说，教师职业的另一个特点是其自身行为必须具有鲜明的示范性，越是高等教育，越是如此。对于学生来说，教师的示范性就是一种学生发展导向的“权威性”，其权威程度，往往胜于父母。教师“学为人师，行为世范”，显然就是一个历史的必然要求。教师一旦行为不端，最受打击的是那些原先视他为“偶像”的少年学子，这个时候，在学生心目中，毁掉的不仅仅是教师的个人形象，更是人生观、世界观与价值观的崩溃。

学生个性如此多姿多彩，如何让所有个体都能同步走到教育的预期点，没有任何理论可以提供现成的操作方案。同时，教师同行的经验，即使再成功，也只能作为一种或深或浅的参考，教师只能在实践中，穷其心智，潜心探索，掌握规律，最后获得“一把钥匙开一把锁”的感悟。这又使得教师的职业劳动内在地表现出极大的创造性和灵活性。在这个意义上，人们通常把教育教学视为一种艺术化的操作。

从总体上说，在人的素质与能力诸元素中，越具有长远性影响的部分，其形成越需要时间，这就使得教师职业具有长期性和长效性。正因如此，那些始终内隐于学生心灵深处，影响学生一生的教育，才是最宝贵、最有价值的教育。

除此之外，还有学者指出，教师职业对人的影响具有不可逆性。心理学指出人的早期发展，存在一个最佳时期。在这个发展关键期，教育效果是最好的，一旦错过这个时期，教育效果就事倍功半，甚至难以弥补，对其一生都造成严重后果。少年儿童的最佳发展期，就处于高等教育学段，这就凸显出高等教育教师特有的重大责任[1]。

---

[1] 欧阳文珍：《从教师职业特点看我国教师宣誓》，载《教育与职业》2001年第3期。

一、教育教学的矛盾冲突，是教师成长的原动力

教育教学的矛盾冲突，是教师成长的原动力。每一位教师在履行自己责任的教育大环境中，都会遭遇到既定的教育教学任务同学生原有发展水平的矛盾，这是教育的根本性矛盾。矛盾的存在，加深教师的职业认知；矛盾的挑战，振奋教师的工作意志；矛盾的激化，消磨教师的职业思想；矛盾的解决，带给教师成功的体验。教师的职业生涯，就在这些矛盾冲突中度过，也就形成了教师专业成长的原动力。

二、教师的职业认知

任何一个建筑工程，其总体的宏伟与壮观，取决于设计水平，而工程质量，则取决于现场的施工员、监理等人的责任心与业务水平。高等教育也一样，课程改革的方案设计来自高层，但是，高等教育的基本面在课堂，先进教育理念的落地在课堂，促进学生发展的空间在课堂，万千家长的希望寄托也在课堂，课堂是教育矛盾的交汇点，处在矛盾交叉点的教师，真正决定了高等教育的质量。

三、教师工作的重点在于探索知识传承与素质培育的融会贯通

国家从课程结构、课程内容等方面对高等教育进行大幅改革，希望以此扭转应试教育的趋势，开启素质教育的篇章。因此，一线教师的最重要任务，就是把他对于教育思想的解读，转化为一次次理念先进、知识讲活、学生练活的课堂教学，这实际上大大增加了教师的工作难度。客观地说，传统教学中，教师是知识权威，知识的传输单向模式对于多数教师来说，驾轻就熟。而现在，教师的身份是“学生学习的合作者、引导者和参与者”，每一次教学，都要把

备课的重点放在如何在有限的时间内，综合“知识与能力”，贯通“过程与方法”，渗透“情感、态度、价值观”。

四、教师工作的难点在于实化学生政治思想与道德教育的效果

在学生教育方面，大学面临两个难题的叠加，一是清一色的“独生子女”的群体组合；二是价值观念多元化的社会大背景。现实情况是，尽管表面来看，学校德育套路不少，活动有声有色，但是实际效果却不理想。如何继承中国社会的优秀教育传统，创新适应社会新发展的教育模式，把教育新理念实化为教育路径，进而形成教育有效成果，是学校与教师必须攻克的难点。

五、教师工作的保障在于评价的创新与机制的优化

高等教育需要质量评价，准确的质量评价，能够帮助教师“诊断”自己的工作效果，衡量自己的工作价值。尽管高等教育改革的基本理念始终是把学生的发展放在第一位，教育评价应当基于学生的发展，反映学生的积极变化，但是，由于学生的发展问题具有综合性与复杂性，甚至还有相当程度的隐蔽性，教育过程中，如何实施评价还是一个有待创新解决的问题。但是可以肯定的是，用考试分数代言评价，失之于片面，更会把教师的教学观念引入错误的方向，学校应当慎用。同时，实施近40年的教师职称制度，也由于其核心评价要素被异化为论文与课题，与教师的实际教育教学水平渐行渐远，对教师专业发展的激励作用越来越小，当下亟须调整评聘方略，回到正确的轨道上来[10]。

第三节 “大爱”为本

教育以蘸满的爱，培养大写的人。如果教师职业真如夸美纽斯所赞誉的，在太阳底下最为光辉，那是因为教育是爱、教师有爱。责任使然，使教师的爱充满职业底蕴，自成特色。所以，爱是教师职业生命系统的“动力系统”。

一、教师热爱祖国

国家把育才大任托付给教师，教师以自己的勤勉报效国家。这是一个爱国的“契约”，基于情感，信守一生。

第一，教师会教导青少年学生鉴往知来，树立正确的时代与社会观念，认识到当前国家正处于“四期叠加”（改革攻坚期、矛盾集中期、社会转型期、腐败高发期）的特殊时期，摒弃偏激的民粹主义，拒绝别有用心的历史虚无主义。

第二，教师还会教导祖国的下一代，夜郎自大不可有，崇洋媚外不可有，拓展自己宽广的世界胸怀，培养跨文化的包容能力。

教师的爱国，充满理性。教师明白自己的爱国，以育人为本位。

二、教师热爱科学

教师是知识与文化传承的担当者，文化的核心是科学，教师以自己职业职责的履行，为公众树立起一个热爱科学的形象。教师的职业要求，让教师不仅爱公式、定理表现出的科学之美，更看重的是这些公式定理赖以产生的思想与方法。教师知道，当下中国，尽管具有全球规模最大的教育系统，基本扫除文盲，高等教育发达，高等教育也进入大众化时代，但是，公众的科学素养仍然不高。科学素养有其特定的意义，教育知识只是其中的一小部分。国际上通行的科学素养是指个体对“科学知识”“科学的研究过程和方法”“科技对社会对个人的影响”三个方面，同时具备基本程度的了解。

三、教师热爱生命

有的教师曾经有过小小年纪却因为学习与生活上的挫折甚至一个不如意而轻生的学生。面对戛然而止的花季生命，家长悲痛欲绝，教师立下誓言，把自己对生命的热爱，投入对学生的生命教育之中。

教师们会积极运用自己任教学科中的显性或者隐性的资源完成生命教育，从而让校园洋溢关怀、充盈温暖。在这样的氛围中，引导学生认识生命、珍惜生命、尊重生命、热爱生命，时刻准备着，创造生命的价值[6]。

第四节 “大智”为纲

“善歌者使人继其声，善教者使人继其志。”[1]这是先贤眼中的“大智”教学。“大智”，是教师职业生命的“控制系统”。“大智”教师实践“大智”教学，是理想教学的自在境界。

何为“大智”教学与教师？以物理学为例，在现代高能物理的微观研究

---

[1]《礼记·学记》。

中，科学家经常用加速器加速粒子，使之带上很高的能量，然后轰击靶物质，轰击的结果是产生新的物质同时释放出辐射能量。轰击粒子能量越高，靶物质产生新物质的概率就越高，实验结果就越理想。由此联想到我们的高等教育，教师就是学生的“加速器”，教学就是这样一个“轰击”过程，教师自身的“能量”越高，则学生获得的变化就越明显。如此，作为“加速器”的教师首先要把自己的教学“初状态”跃迁到高能级。缺乏足够“能量”的教师，无法进行“大智”教学。

一、“大智”教学以提高教学质量为目标

所谓教学质量，我们有辩证的看法。当前，高等教育的教学质量或者说学生的学习质量，考试的结果仍然是一个重要的、不可或缺的评价指标，这是全世界的通行做法。毕竟，按照“多元智能理论”，考试也是两种重要的智能（语言智能与数理–逻辑智能）的评价途径，考出好成绩，在一定程度上也表征出这两种能力的出众。

二、教学艺术是“大智”教学的必备基础

“所谓教学艺术，就是培养人才能取得最佳效果的一整套娴熟的教学技能技巧。”[1]“教学艺术是教师为达到理想的教学效果，按照教学、学习和教学美的规律进行的创造性的、个性化的教育行为。”[2]

致力于“大智”教学的教师，必先研究教学艺术，这是教师大智“能量”的核心要素。教师以教为业，教学不过关的教师，在讲坛上没有立足之地；教学不过硬的教师，在学生心目中没有多高威信；只有教学艺术臻于化境的教

❶ 关霞：《教学论教程》，陕西师范大学出版社1987年版，第234页。

❷ 刘庆昌、杨宗礼：《教学艺术纲要》，教育科学出版社1993年版，第11页。

师，才是学生们的崇拜对象。试想，教学基本功尚未熟练，教学过程存在缺陷，教学规律有待琢磨，首先担不起“艺术”二字，又何以“大智”标榜呢？

学者们曾经郑重地、热烈地讨论过教学是“科学”还是“艺术”的问题。于今而言，如果说，教学不是“科学”，那是否意味着人类的知识传承毫无规律可言？意味着人类的教育过程只是一个随机的、即兴的因而也是无序的过程？这当然不符合现代学校的运作现实。反过来说，教学不是“艺术”，那如何解释教师教学方法的微妙差别却可以产生明显的教学效果差异？又怎么解读古今中外，多少教师在微观教学过程的优化方面所做的孜孜不倦的努力？站在教育的最终端，教师容易理解，教学既是一门“科学”，需要准确、需要严谨；但又是一门“艺术”，需要创造、需要激情。学者们寻求教育教学普遍规律的抽象描述，一线教师探索教学过程细节的完美表达，两者相结合，就是教学艺术的全部内涵。

高等教育教师的教学艺术包含六个元素：教学设计、教学组织、教学语言、课堂互动、教学机智与教育技术。

教学设计是教学过程的规划，是教学实施的脚本，其中蕴含的先进教学理念、合理序化的教学内容与精心设计的教学步骤，成为衡量教学艺术水平的指标。

教学组织是教学设计的实际呈现。教师能否根据现场学生的反应灵活调整教学策略，可以鲜明地显示出教师的教学功力。

教学语言是教师的基本教学工具。教学语言以精准与生动为境界，这是教师教学艺术功力的一个集中表现。

课堂互动是指教师在教学过程与学生的交流和对话中，引导学生思维的指向，律动思维的强度。这是深度教学的关键，最能显示教师教学艺术的光芒。

教学机智是教师对课堂意外突发事件的妥善应对，它反映了教师思维的敏捷性。通常，幽默是最好的应对方式，而驾驭幽默则是高水平的艺术。

教育技术是教师重要的教学辅助工具，当下以现代信息技术为最常用。简约与适切是工具选用艺术的原则，华而不实与喧宾夺主都是艺术败笔。

三、理论自觉是“大智”教学的坚强支撑

恩格斯说：“一个民族想要站在科学的最高峰，就一刻也不能没有理论思维。”毛泽东说：“感觉只解决现象问题，理论才解决本质问题。”很多教师包括一些能力出众、声名远播的所谓名师都明白这个道理，我们在实践中看到，教师总体上缺乏理论自觉，这在很大程度上制约了教师队伍的质性发展。

问题的一个方面是教师“大智”教学必须有理论引领。事实证明，任何忽视理论素养提升的教师，都走不了太远，特别是当他们进入“职业高原”之后，只能停滞于当下，无法突出围城。因为，教学实践固然可以抬升教学的艺术化高度，但是，只有隐蔽在显性的“大智”教学艺术背后的教学科学内涵，才会让他们看得更远更深。所以，教师必须把教育教学理论的学习作为自己的必修课。

教师的理论吸纳，应当有大有小、有远有近，国家发展理论首先要列入教师的关注。服务于国家的发展，与国家的前途命运高度关联，这是中国教育特色之一。教师应当了解，中国改革开放40多年的发展轨迹、国家实施的发展战略、经济发展的成就、社会转型问题、五个文明的同步建设、中国成功和平发展的必然性等，都有助于教师扩大职业视野，增强职业信心，提升教育底气。当然，教育教学理论，如教育目标理论、课程教学理论、学生认知理论、多元智能理论，都是教师的专业理论，教师要结合自己的实践，温故而知新，构造出自己的理论经纬。

问题的另一方面是，“大智”教师必须具有远高于一般教师的见识，那就是善于揭示蕴藏在学科知识体系中的辩证思维路径，实现高等教育奠定青少年科学思维基础能力的价值。高等教育各学科中结构化的知识体系，虽然只处于人类文明最基本的、最初级的层次，但是，它足以反映出人类强大的逻辑思

维、辩证思维、形象思维、抽象思维的能力。而人类目前还沿着这些思维道路继续探索大自然的奥秘，探索人类社会自身运行与发展的规律。所以，把这些基本思维方式内化到高等教育受众的大脑中，比这些基础科学文化知识自身的传承，具有更为重大的意义与价值。这些基础知识，还将在高等教育之后的教育阶段，在更高层次的知识结构中呈现出来，但是，耽误了科学思维基本能力的早期培养，后期培养就要付出更大的代价。

科学思维的一个培养重点是批判性思维。中国传统文化的“师道尊严”，形成了传统教育的一个重大缺陷，学生进入学校，就默认教师是知识的权威，教师传授的知识都是正确的，课堂上必须无条件接受教师的知识单向传输。所以，学生在课堂上不会想这些知识是怎么来的，这些知识会有什么错误诸如此类的问题。这种自觉吸纳与服从意识，完全弱化了青少年群体的批判性思维，是当今中国创新潮流的天敌。“大智”教育，要做到既使青少年学生保持必要的道德价值判断能力，又具备批判性思维能力，从而树立起创新意识。

四、超越自我是“大智”教学的前行动力

“大智”教学是一个动态发展、螺旋上升的过程，它需要一个“大智”教师团队。不断超越自我，进入新状态本身就是一种“大智”。可是人们经常感慨，人生最难的是超越自己。对于教师特别是名教师而言，更是如此。

高等教育的职业特点，形成了教师超越自我的机制性障碍。高等教育中，教师面对的学生群体虽然在流转，但是就总体而言，他们的心智发展水平与特点是相仿的，教师的教育策略也因此大体相同；教师的教学内容也是比较稳定的，少有变化；教师的教学方法常用的只有那么几种，教师的工作周而复始，极有规律。而且，越是成熟的教师，对待这些工作，越是胸有成竹。教师工作的平稳性、周期性超过挑战性，容易使已经建构起有效工作套路的教师把自己“锚定”在某一个点位上，无须做出经常性的大的改变。因此，在基层学校，

我们看到，最具有探索精神、进取精神也最愿意主动学习的多是处于职业生长期的青年教师，因为资深教师进入职业稳定期。这种现象固然是高等教育特点的表现，但也是“大智”教学的前行障碍。

超越自我是教师“大智”。教师要避免进入“职业高原陷阱”，首先要摆脱“今天与昨天是一样”的传统思维定式，走进学生群体，积极寻找他们的个性，准确定位他们的学习原点，看到“今天”的学生异于“昨天”的点点滴滴，采取异于“昨天”的教学策略，完成每一个“今天”对于“昨天”的超越。其次，“吾日三省吾身”，深刻认识教学水平的提升是一个没有止境的过程，任何人现有的教学，从理念到方法，都绝非完美，应有自知之明，严格剖析自己，勇于否定自己，直面自己的不足。只有在全面、客观地审视、剖析自我的基础上，才能在认识上找回自我，在行动上超越自我，最终实现一个新的提升[5]。

第五节　“大雅”为韵

在本真意域的现代教育中，“大雅”应当成为教师生活的写照，成为教师职业生命的“润滑系统”。

“大雅”，本为先秦诗歌集名。《大雅》中的作品大部分产生于西周前期，作者大都是贵族。后人引申，将德高而有大才的人称为“大雅”，又泛指学识渊博、高尚雅正的人[8]。

过去很长一段时间内，人们都用“春蚕到死丝方尽，蜡炬成灰泪始干”这句诗句赞美教师的奉献精神。在传统教育的意境中，教师与学生处于知识授受的两端，教师输出知识，学生接受知识，教师在知识输出过程中，付出的精力、光阴乃至健康如同蜡炬，燃烧了自己，照亮了别人。可是，在当代中国教育现代化过程中，我们深刻意识到，虽然奉献是教师职业使命的必然，但是，这种让人感伤的文学悲情意境，根本不该是教育的本真，特别根本不该是教师工作价值的写照。事实上，社会各界如军人、医生、警察等，在他们履行自己的职责过程中，都是一种奉献，都不乏为了国家利益、社会利益或者他人幸福，而不惜牺牲自己健康甚至生命的英雄模范。因此，春蚕精神、蜡炬形象不应当是教师行业的专利。现代教育的本质与功能，决定了教师生活应当是丰富多彩的。

传统教育理论认为教师是教育主体、学生是客体，形成主客体的二元体系。教育过程是主体支配客体、改造客体的过程。学者们指出，在传统的教育主客体二元体系中，“教师在备课时就容易忽视学生这个潜在主体的存在，把学生和教材都视为客体。同时教师也容易形成居高临下的心理，过分强调自己的权威。这样，师生之间的主客体关系就使师生之间很难进行情感交流，教师不能真正地走进学生的内心世界，也就不能对学生产生更大的影响，由此导致教学效率降低。”教师“机械地向学生灌输知识，教师只是知识的传授者，学生只是装知识的容器，不用思考。师生之间很少交流，是一种很冷漠、很不协调的师生关系。在这种传统知识观的背景下，师生之间只是单向地输入与输出的线性关系，学生的主动性将被完全地淹没，甚至教师也无法很好地发挥他们自身的主动性”[1]。这种教学，在一定程度上，确实形成了学生发展而教师衰减的现象。

针对教育弊端，在“以人为本”的教育强调之下，教育界试图以“学生为主体、教师为主导”的理念，破主客体“对立”僵局，以强化学生地位，提升学生发展动机，进而实现“教学相长”。

笔者以为，把教育过程中的教师与学生关系，放在“主体间性”的视阈

[1] 刘芳:《师生关系的转变:从主体性教育到主体间性教育》，载《焦作师范高等专科学校学报》2007年。

下，似乎更具说服力。基于20世纪60年代出现的“主体间性”理论，新视角跳出了主客体二元对立的窠臼，承认教师与学生都是教育过程的“主体”，这两个主体具有平等的地位，通过教育媒介，在教育过程中形成互动交往，从而，创建出一种“共在、共创、共长、共享的和谐师生关系”。具体地说，“‘共在’即指在教育、教学过程中教师和学生都处于平等的主体地位，是生命的共同存在状态；‘共创’强调在教育、教学过程中教师与学生之间通过平等的对话交流达到相互理解、共同创造；‘共长’和‘共享’关注在教育、教学过程中教师和学生之间共同的心灵成长和共同分享生命的情感体验”[1]。

行走在快乐的路上是教育的应然。快乐在于师生双方的“共在、共创、共长、共享”。它坚决拒绝以一方的衰减为另一方的成长代价，致力于教师与学生的共同发展。教师的职业幸福，不仅仅是教师看到学生成才时的喜悦，更有自己享受教育教学过程的愉悦。这个巨大的观念进步，正是我们所追求的教育“大雅”意境。

教育“大雅”，成就于教师的主动建构。历史上的“孔颜之乐”“颜回墨食”典故，说的是孔子带着他的一干核心弟子游历各国，但屡遭拒绝，陷于困境，曾七天不得食，孔子仍然弹琴唱歌，以他特有的教学方式，与他的弟子们进行着深度的心灵交流，把师生关系升华到一个亦师亦友的高度。这是教育宗师为我们树立的榜样。

《论语·述而》载：子曰：“饭疏食，饮水，曲肱而枕之，乐亦在其中矣。不义而富且贵，于我如浮云。”孔子用现身说法教导弟子，吃粗粮，饮白水，枕胳膊，睡野地，也有乐趣。用不义的手段得到富贵，对于我好像浮云那样转瞬即逝而无足轻重。

《论语·雍也》载：孔子说：“贤哉，回也！一箪食，一瓢饮，在陋巷。人

---

❶ 马尚云：《主体间性视阈下的师生关系：共在、共创、共长、共享》，载《内蒙古师范大学学报（教育科学版）》2013年第1期。

不堪其忧，回也不改其乐。贤哉，回也！”孔子表扬居陋巷箪食瓢饮而仍然保持乐观态度的颜回，为学生树立榜样。

《吕氏春秋》载：孔子穷乎陈、蔡之间，藜羹不斟，七日不尝粒，昼寝。颜回索米，得而爨之。几熟，孔子望见颜回攫其甑中而食之，孔子佯为不见之。少顷，食熟，谒孔子而进食，孔子起曰：“今者梦见先君，食洁而后馈。”颜回对曰：“不可！向者煤炱入甑中，弃食不祥，回攫而饭之。”孔子叹曰：“所信者目也，而目犹不可信；所恃者心也，而心犹不足恃。弟子记之，知人固不易也！”孔子自责对颜回的误解，既是与众学生的交心，更是一种身教。

雅斯贝尔斯浪漫地把教育形容为清风吹过丛林，树因风而摇曳，揭示教育之“大雅”，还有来自教师自身良好形象的催化。对于学生来说，教师的气质，包括智慧内敛的从容谈吐、谦和得体的待人接物，都是一个隐蔽而强大的实际教育气场。这是教师的职业特点，教师应当明白这个道理，自觉形塑好自己。据说，《参考消息》曾经载文《人生最有益身心的六种爱好》，文中所说的六种爱好分别是：手写信件、阅读图书、浏览地图、欣赏影剧、享受旅行与聆听音乐。所言不差，但以教师职业衡量，应当把阅读图书、享受旅行排在前两位。

一、阅读润心

有人介绍国外一项测试，说是人在不堪精神重负时，尝试用读书、听音乐、喝茶、散步4种方式释放压力，效果最好的是读书，6分钟内就能够降低68%的压力。其他几项，听音乐降低61%，喝茶降低54%，散步降低42%。测试结果如何量化姑且不论，但读书确实可使心态平和，宁静致远。这是许多人的经验之谈。当然，读书的目的不仅仅是放松身心，更重要的是，读书是养心的智慧。

要做一个当今学生眼中的好教师，固然要有深厚的专业底蕴，更要有宽广的知识面。因此，教师的阅读，并不一定如常人所想，把教育教学理论著作读遍，而是读完几本基本的教育教学论著后，把阅读重点放在拓展视野上。阅读，让你与大家交流，与世界沟通。阅读，其实深浅皆宜，精读细品可以到达思想的深处；泛读粗阅，就让你接触更宽的世界。总之，除专业必需之外，其余无一定之规，皆可随性而读，开卷有益，掩卷有得。

二、雅好养性

近几年，网络上出现了一个所谓“中国式雅致生活”的潮流，追随者以精神文化为核心，以简约为根本，以优雅为境界，以闲适为达观，以从容为智慧，追求以“智慧、闲适和觉醒”为特征的人生态度，倡导抱朴守真的心灵纯净修炼，向往回归农耕时代的田园牧歌生活。他们以周作人《北京的茶食》中的一句话为注脚，周先生说：“我们于日用必需的东西以外，必须还有一点无用的游戏与享乐，生活才觉得有意思。我们看夕阳，看秋河，看花，听雨，闻香，喝不求解渴的酒，吃不求饱的点心，都是生活上必要的——虽然是无用的装点，而且是愈精练愈好。”俨然营造出一种生存于现代世界中的中国古典生活方式。

教师的业余生活不可能套用但可以借鉴“中国式雅致生活”的基本理念。教师大量付出脑力劳动、面临沉重职业压力的工作现实，与生活中“行为世范”的社会要求，需要教师为自己规划一个丰富多彩的业余生活，以调节身心、涵养体力、滋养精神、示范社会。从这个意义上说，教师的业余生活，绝不是单纯的玩乐休闲，而是在寻找快乐的自我过程中，赋予自己的生命以更多的意义。教师的业余生活，须以品位高尚、情趣高雅为要，方才符合教师的身份。

琴、棋、书、画、茶等传统雅好，陶冶情操，与教育同气同声，成为教师业余最爱理所当然。绘画、音乐、影剧的欣赏也应该被列入教师的业余生活清单。钱学森常说，他在科学上之所以取得如此的成就，得益于小时候不仅学习科学，也学习艺术，培养了全面的素质，因而思路开阔。他在美国学习和工作期间，除了参加美国物理、航空、力学等专业学会外，还参加了美国艺术与科学协会。他告诉同事："在我对一件工作遇到困难而百思不得其解的时候，往往是夫人蒋英的歌声使我豁然开朗，得到启示。""我们当时研发火箭时萌生的一些想法，就是在和艺术家们交谈时产生的。"事实上，艺术不仅与科学，也与教育高度关联。教师应当了解科学大家钱学森曾经总结说，"这些艺术里所包含的诗情画意和对人生的深刻的理解，丰富了人们对世界的认识，学会了艺术的广阔思维方法。或者说，正因为受到这些艺术方面的熏陶，所以才能够避免死心眼，避免机械唯物论，能够更宽一点、活一点地想问题"。

三、壮游怡情

虽然说，"热爱大自然的人都是好人"，可是，每一个人群自有自己的旅游解读。在普通游客的心目中，大自然莫大的吸引力就是游山玩水；在旅游文化学者的心目中，旅游就是人生一次一次的美学散步[1]；在教师的心目中，远足旅游、户外运动，就是大自然教科书的浏览与阅读，是接受大自然的"大雅"洗礼。

现代人很难像徐霞客那样毕生纵横大地，寄情山水。因此，现代人格外注重旅游。现代人特别是教师，越来越关注旅途的从容、欢乐与散淡。暂时摆脱手头的工作，投身于大自然，眼前的风景，或青葱，或雪白；走过的道路，或平坦，或崎岖；头上的天空，或艳阳高照，或细雨霏霏；身边的同道，或国人，或外国友人，都构成一段段需要细细品尝的生命。无怪乎，人们越来越理解，如朱光潜那样的中国美学大师，也会为阿尔卑斯山中那条"慢慢游，欣赏

---

[1] 庄志民:《旅游：人生的美学散步》，载《旅游学刊》2010年第9期。

啊”的旅游提示怦然心动。

尽管旅行路上，山一程水一程总是少不了劳顿。可是，游历名山大川、徜徉文化遗存、瞻仰红色故地、感受建设新貌，接二连三的画面，风景不转心境转，情与景交融，灵与肉沉醉，迷失的是视觉，触动的是心灵。那份洒脱、那份快乐，“几乎说得上是精神上的换血”❶。

“再长的旅途也会把行人带回家来，靴底粘着远方的尘土。世界上一切的桥，一切的路，无论是多少左转右弯，最后总是回到自己的门口。”放下行装，回眸来路，感觉是什么？“增长见闻，恢宏胸襟，简直是教育的延长。”❷于是，每一个行程，都是“大雅”的体验；每一次归来，都有“大雅”的升华。

❶ 余光中：《何以解忧》，人民日报出版社2004年版。

❷ 同❶。

第八章

基于荣誉教育的学生追求

第一节 当代大学生面面观

高校校园中的莘莘学子，主流形象是阳光、好学、上进，朝气蓬勃，充满着正能量。

一、有强烈的国家荣誉感

当代大学生大多出生在20世纪90年代，他们在中国经济的高速发展中成长，他们看到了中国改革开放四十余年连上几个台阶，经济总量跃居世界第二位，他们看到了北京奥运会的成功举办，看到了上海世博会的盛况，他们为国家的发展自豪；他们普遍地关注国际、国内重大的政治事件、经济事件，他们看到了以美国为首的西方敌对势力对中国崛起的屡屡打压，看到了日本右翼势力否定给中国人民造成巨大生命财产损失的侵华战争罪行，他们内心愤怒，爱国热情高涨；他们在关系国家荣誉、国家主权和反对分裂维护祖国统一等问题上，表现出很高的热情；他们有自己的信仰，相信中国共产党的领导，相信中国社会制度，相信中国自己选择正确道路，相信中国会发展得更好。他们愿意未来报效社会、报效祖国。

二、主体意识与参与意识强

目前，大学生的自我表现欲望较之二十年前显著增强。一般来说，在学校与班级组织的各种体育、文艺活动中，学生参加的积极性往往超出教师的预期，就是在新课程倡导的参与性、实践性教学过程中，学生在活动中表现出的能力与想象力更出乎教师意料。在活动中，他们并不看重成果水平的高低，他们更愿意享受的是过程。在过程中，他们能够展示自己的智慧，能够表现自己的才能，能够得到他人的承认与称许，就是他们的满足与自豪。学生参与意识的增强，显示学生主体意识的提升。

三、较强的信息社会基本生存能力

新时代大学生，尤其是都市里的大学生，真正是中国第一代的“数码大学生”，比起他们的父辈，他们似乎有着天然的数码生存能力。当下的学校，智能手机早已普及。我们惊奇地看到，学生总是能够及时跟上日新月异的数码技术的步伐，学生个人拥有笔记本电脑、平板电脑、数码相机、电子书、电子词典、MP3、MP4、PSP已经甚为常见；进入搜索界面，从明星逸闻到作业指导，他们可以从网络上获得他们需要的任何信息；上QQ、刷微博、玩微信，他们在虚拟世界中建立起四通八达的人际沟通渠道；尽管教科书没有教给他们如何使用，可是他们对无线网、蓝牙等应用的了解，往往胜过许多成年人。当代学生具有的信息素养，应当是国家未来发展的有利条件，将来他们走进社会，将轻松适应“互联网+”和“中国制造2025”以及“工业4.0”时代的工作大环境。

第二节　导向主体发展的学习力提升

无论当下的高等教育如何改革，接二连三的新说法、新模式如何引人入胜，根本的问题还是要解决如何运用我们的政治优势、教育优势，放大做强学生良好的基本面，消除减少存在的问题，真正提升教育品质，实现教育目标。具体来说，就是同步解决好学生“主体性”的提升与“学习力”的增强问题，前者着眼于把学生送到素质品格的高处，后者致力于形成学生知识内化的原动机制。对于学生的发展，前者是势能，后者是动能，两者互动互促，联合发力，共同作用。

教师目睹着一届又一届的学生在学校度过的时光，伴随着身体的发育与知识的学习，几年间，他们都在变化，有的人初始羞于见人，后来却变得善于待人接物；有的人开始脾气急躁，后来却谈吐从容；有的人从急于求成，变为深思熟虑；有的人开始学业平平，后来却脱颖而出成为“学霸”；有的人痴迷文学，有的人专攻艺术，有的人爱好体育；有的人粗中有细，有的人粗枝大叶；有的人特立独行，有的人人缘通达；当然，也有的人除了个头长高一些外，似乎没有什么明显的变化。总之，在学校，学生们都从入校之初懵懂的青涩少年，毕业时变为性格各异，对未来抱有期望的青年。校园里年复一年的情景，老师说是学生的“成长”，可是，在学者的眼中，这是一个学生“主体性”提升增长的过程。

一、学生“主体性”问题

教育领域关于学生作为“主体”以及学生“主体性”的命题，对于我们进一步深入学习了解与分析教育教学规律，培养负责任的合格公民具有重要的意义，因此，我们必须梳理好这个过程。

在学校教育中，既然有了“学生”这么一个概念，为什么还要引进一个“主体”的概念？简单地说，“学生”与“教师”互为相对，都表征一种身份。而“主体”与“客体”相对，是一个认识论的概念。“认识论意义上的主体，是指认识活动和实践活动的承担者，是与认识和实践的客体相对应相关联而获得其规定性的，具体讲就是指从事认识活动和实践活动的人（包括个体、社会集体乃至整个人类）。这里的主体，只能是从事认识和实践活动的现实的人，并且总是相对于认识的客体而言的。”[1]就是说，在认识论意义上的学习，学生是一个“主体”。

所谓大学生的“主体性”，是指“大学生能够意识到自己在学习、生活中的主体地位和作用，能够以主人翁的态度积极主动地参与到学习、生活中，从而树立起乐观向上的生活态度，促进其身心全面、健康地成长”[2]。换言之，学生的“主体性”是一种自己对学习意义、学习目标、学习动机与学习态度的思想认识，当然，对于学习的进步与个人的发展，“主体性”具有内动力的作用。

学生的“主体性”是一种促进发展的正向心态。学者认为它包括六个基本特征：自觉性、坚持性、自信心、责任感、主动性及独立性。“自觉性”表达出“我要学”而非“要我学”的态度；“坚持性”意味着持之以恒的决心；“自信心”是对坚信自己能够学好的信念的秉持；“责任感”是学生清晰地了解自己为什么而学；“主动性”是学生对学习始终保持一种不懈怠的积极态度；“独立性”是学生相信自己能够在教师指导下，独立地完成学业。六个特征，从本质上反映学生对自己的负责，对家庭的负责，对社会的负责，对国家的负责。学生能够稳定地形成以上六种主体认知，说明其学习心理系统已经基本成熟。

实践证明，大学阶段是青少年心智发展的关键期，因此，它也是学生“主体性”提升的关键期。实践也说明，学生“主体性”并不能在其身心发展中自发形成，而一定是经由教育的结果。

第一，教育催化主体觉醒意识。教育是人类有明确目的的活动。教育目标的规定就是把人由“自然人”转化为“社会人”，让人逐渐清醒地意识到自己的真实社会存在。因此，教育的任务就是唤醒人的主体意识，发展人的主体性是教育所具有的最根本的目的和价值。教师作为教育活动的另一个“主体”为

---

❶ 肖亚歌：《大学生主体性及其影响因素的相关研究》，郑州大学学位论文，2006年5月。

❷ 肖亚歌：《大学生主体性及其影响因素的相关研究》，郑州大学学位论文，2006年5月。

此负责。

第二，教育提升主体发展能力。全部教育内容的规定，都是面向未来社会，从智力与非智力两个方面，增强人的生存能力、发展能力与人际交流能力，这些也是学生的主体能力元素。通过教育，学生一方面接受前人积累的知识与经验，另一方面接受前人科学的思维方法，他们就可以站在前人的肩膀上，观察世界和了解世界。

第三，教育引导主体发展方向。学生主体性的有意识指向，教育就可以依照其目标规定，把主体性的发展引导到正确方向，让它成为学生发展建设性力量。主体性经由教育引导，还可以达成兼顾学生个性发展与社会建设发展两方面需要，避免顾此失彼。

学生“主体性”的形成，具有以下三方面积极作用。

1. 形成学生学习的内在动力机制

学生主体性水平越高，他们的学习目标就越符合国家、社会与家庭的期待，他的学习也就越主动、越积极。

2. 形成学生学习效果的持久作用

大学阶段的学生主体性越高，他们的学习效果就越好，形成的良好素质与能力，就对其后阶段的学习甚至终身发展奠定坚实的基础。

3. 形成学习主体性到一般主体性的迁移

学生的学习主体性是其作为社会人所具有的一般主体性的基础。学生的学习主体性特征包含于人的一般主体性特征之中，而且是其核心要素。因此，增强学生主体性，也是其完整社会人的建构的组成过程。

大学生“主体性”的培育，是“立德树人”的过程。当下学校德育，主题包括爱国主义教育、集体主义教育、马克思主义常识和社会主义教育、理想教育、道德教育、劳动和社会实践教育、社会主义民主观念和遵纪守法教育与良好个性心理品质教育。从本质上、目标上、内容上、方式上，都是为了学生“主体性”的形成，只不过我们缺少这个视角而已。

二、学生“学习力”问题

“主体性”解决的是大学生发展的动力与方向问题，“学习力”解决的是大学生发展的认知自觉与能力问题。

“学习力”概念于20世纪60年代诞生于美国学者的企业管理与企业文化研究领域，学者认为它是管理学习型组织的一个核心理念。20世纪80年代，教育领域引进这一理念。

“学习力”的理论研究涉及脑科学、心理学、教育学，但从教育实践层面，借助学者们的现有研究成果，有助于我们更深刻地了解学生知识学习规律。

现代教育让我们更好地区分“学生”与“学习者”的本质。建构主义学者乔纳森认为，“学生是说服自己从教学中获取特殊知识和技能的人，学习者则是从自己的经验中建构自己的意义的人”[1]。一个是只专注于知识技能的学习，一个是把知识技能学习作为手段，最终完成“自己的意义”建构，实际上，就是提升“主体性气自然，前一种学习把手段当作目的，可能迷茫于学习的未来，不能走远。“学习力”引导的就是后一种学习。

什么是“学习力”，有学者总结出学界赋予它的四种内涵：一说是存在于学习者自身的帮助其成长、发展和获得成就的生命能量；一说是在学习者学习过程中起积极作用的个性心理品质；一说是学习者的基础性文化素质；一说是学习者于学习过程中获得并反过来改善学习者学习状态的能力。也许我们应当把真正的“学习力”概念理解为这四种说法的杂糅[2]。

既然有学习能力，为何还要提出“学习力”？因为一般认为学习能力包括注意力、观察力、记忆力、思维力、想象力、创造力、理解力、语言表达能力、操作能力、运算能力及知觉能力，这些都是智力因素。而“学习力”的概

---

❶ 戴维·H.乔纳森：《学习环境的理论基础》，华东师范大学出版社2002年版，第2页。

❷ 陈维维、杨欢：《教育领域学习力研究的现状和发展趋势》，载《开放教育研究》2010年第2期。

念，虽然诸多学者有诸多表达，但是都包含了智力与非智力两方面观照。例如，2002年，苏格兰教授迈克杰曲克提出了学习力的“双螺旋结构”，他认为“学习力”是由两个链组成，其中一个链包括学习的态度、情感、意向、动机、价值观等，这是非智力因素，反映学习者的意愿；另一个链包括所学的知识、理解、技能等，这些是智力因素，反映学习达成的结果。这两个链通过相互联系、相互补充，可以促进学习者的学习力。

从大学教育教学实践的角度看，“学习力”的六个要素——知识与经验、策略与反思、意志与进取、实践与活动、协作与交往、批判与创新，具有适切的现实指导意义[8]。

第一，知识与经验。学习的阶段性形成学习力生长的阶段性。学生既有的知识与经验承前启后，完成每一个阶段的知识学习，促进生成该阶段的学习经验，就是抬升新阶段学习力的增长起点。

第二，策略与反思。策略就是科学的学习方法，包括对一学科知识意义的全面而深刻的理解、对各学科知识特点的综合与比较分析，甚至包括学生自我的学习时间管理等。反思是“回头看”，旨在梳理重点的消化与难点的攻克，思考学习效率的改进等。聪明的学生极为重视这一环节，它直接增加了学习力提升的速度。

第三，意志与进取。学习不可能永远快乐，如果有快乐，也只是真正出现在一个难题的解决、一次测试的过关、一个进步的取得之时，所以，自我约束，有毅力拒绝外部世界的诱惑；自主激励，想办法克服学习过程的困难；自动前行，达成目标之后树立新的目标，这是学习力强与弱的最大分别。

第四，实践与活动。这是学生学习力赖以生发的土壤。没有实践，或者实践分量不够，即使教师的指导再到位，也不能直接变为学生的学习力。教师应当设计和安排丰富的学习实践与多样化的学习活动，为学生提供知识综合运用、体验多种多样、反思经常进行、策略自觉优化、意志不断磨炼、不懈进取追求的环境，学习力方能加快提升。

第五，协作与交往。实践活动是平台，协作与交流是方式。教育在教师与学生、学生与学生（广义地说，还有教师与家长、学生与家长）的交流、沟通过程中完成。也就是说，教育必须是协作式活动，而且教育越现代化，就越要在多种形式的共同参与下进行。在密切的沟通中获取知识，在互动的协作中训练能力，在多维的交往中体验情感，在思想认识的相互激荡中求同存异，没有这一切，提升学习力只是纸上谈兵。

第六，批判与创新。人类的学习是为了培育创新下一代，否则，人类只能停滞在现有水平上。因此，学习力发展的高级阶段是学会批判思维、求异思维、创新思维。诚然，现有的高等教育中的科学知识体系，是各学科基础中的基础，其知识本身学生几无质疑之处，但它们的许多运用，学生可以进行发散思维、逆向思维、联想思维，提出与教师不同的思路。而在语文、历史等给予学生较多自主空间的学科中，更应当鼓励学生大胆说出自己的想法。

“学习力”的六要素，浓缩在一起，就是裴娣娜教授做出的一个简明的概括：它是学生的“生长力（活力、能量）”、学生的“主体性”与学生的“学习力”的交汇结合，产生了责任教育视阈大学生的三大自主性问题：“自主追求、自我约束与自动评价”。这是每一位学生成长过程中都必须面对、必须回答的问题，在当下错综复杂的社会大环境中，仅仅靠学生自己寻求答案，也许很困难，帮助他们是学校的责任[10]。

第三节　有理想的追求是最关键的自主

人，以自主性的提升标志着他的成人。因此，自少年期进入青年期，人就有了关于自己的生存与发展的追求，或者说就有了一定的理想，这“是人特有的心理现象和社会现象，是人的生活目的和奋斗目标，是人们对未来有可能实现的物质生活和精神生活的想象和追求，是指导人的行动的精神支柱和信仰。它是建立在人的世界观、人生观、价值观还有在政治立场上的对人的目标的集中体现，理想展示的是人生的方向、目标和道路”❶。从这个意义上说，如果人的一生要自主做出无数次选择，那只有选择了有理想的、有追求的这一次，才是真正意义上的也是最重要的一次自主。

并不是所有的大学生都有树立理想、定位追求的自觉。可以把大学生尤其是高中学生的理想追求，看作观察高中教育的一个窗口，从这里可以看到作为大学教育“主体”的学生们的五颜六色。

走进他们的内心世界，从正面，我们可以看到许多学生朴素的未来期盼：他们希望自己将来组建一个美满的小家庭，衣食住行无忧无虑；希望未来进入的社会，没有尔虞我诈，人人友爱亲善；希望自己或强壮，或苗条，或英俊，或潇洒，有明星般的吸引力；希望自己学业日益进步，进入一所心仪的大学深造，不再有教师严肃的批评与家长苦口婆心的叮嘱；希望自己的家人健康幸福、和和美美，家庭欢声笑语、乐享天伦；希望未来能有一份体面的工作，报酬丰厚，受人尊敬；当然，他们也衷心地希望祖国繁荣昌盛，威震四方[5]。

教育没有捷径，靠的是教师勤勉的态度与科学的方法，靠的是对学生成长的尊重。

一、用教育的真诚预热追求的动机

在基础教学改革课堂中，教师是引导者，是学习伙伴，其实，这应当是学校教师在学生面前一以贯之的形象。以这个身份，教师可以坦率地告诉学生，尽管当代社会已经不再强求人们走向单一方向，但是生活就是一门选择的艺术，生命必定在接二连三的选择中走过，不同的选择产生不同的后果。人们可

❶ 彭朝荣：《论理想和理想教育》，载《泸州教育学院学报》2000年第3期。

以选择适合自己的、健康的生活道路，但作为社会公民，理想与追求中的价值观念，不能违背社会主义核心价值体系的基本要求。作为长者，作为国家与社会主流意志的传承者，教师“要引导学生认识到：人生没有回程票，生命也无法重来，如果不在青春年少时为自己打好人生的底色，生命将会逊色许多”❶。

丹麦哲学家克尔凯郭尔，年轻时曾一度行为轻浮放荡，以花花公子形象示人；但后来他幡然醒悟，成为19世纪丹麦的著名学者。作为过来人，他总结说，人生有三个阶段，一是审美阶段，获得人生感官的需求，而仅此则摆脱不了纸醉金迷的堕落；二是道德阶段，体验善恶、苦乐，追求善良、正直、节制的生活，但仅此只是个“好人”，仍会陷入困惑、彷徨之中；三是理想信念阶段，有了理想信念，人会超脱世俗的、物质的束缚，利他助人、奉献社会，达到完美境界❷。

二、用教育的真实坚守追求的目标

教育的本质是真实。学校施行“正面教育”，但是作为教育者，要准确把握教育的真谛，要明白，关于世界观、人生观、价值观的“正面教育”，不是在学生面前展示一个无限美好的理想世界，而是要让学生在现实的世界中寻找自己的理想与追求。过去的德育，一度强调“假、大、空”，灌输“理想国”“乌托邦”的虚幻教育，可是，一旦学生看到学校教育与社会现实的巨大反差，就容易造成幻想破灭，不再相信正面教育，教训不可谓不深。教师要告诉学生，中国经济基于市场经济，资源的配置、劳动的使用以及报酬的获得，都存在竞争，甚至是激烈的竞争；教师还要引导学生认识社会发展的复杂性、多样性与阶段性，认识职业道德败坏的严重社会后果。重要的是，要让学生明

---

❶ 何忠锋：《理想信念：做人的主心骨》，载《教育研究与评论·大学教育教学》2012年第3期。

❷ 同❶。

白，在中国社会法治越来越完善、经济秩序越来越规范的今天，个人的成功与未来的财富，将只会流向胸怀大志的人，流向恪守法律规制与道德规范的人，流向锲而不舍、吃苦耐劳的人。

三、用教育的理性增强追求的后劲

面对色彩斑斓的世界，理性是唯一的指南针。要科学分析中国经济中高速发展，迈向中高端的良好态势与坚韧后劲，正确对待中国生态文明存在的问题与治理的前景。总之，要看到中国社会善与恶、美与丑、真与假并存的正反两面[9]。当前要让学生充分了解，西方世界极力向中国社会灌输的那一套所谓“普适价值”观念的真正用意，要用世界上近年来许多国家发生社会动乱、民生凋敝的悲剧，提醒青少年学生擦亮眼睛，识破敌对势力的图谋。

第四节　有意志的约束是最明智的自我

一、道德讨论策略

柯尔伯格设计了“道德判断两难问题讨论法”来提升道德判断水平。基本方法是教师根据学生的年龄特点，引用相应的道德两难故事，引导学生讨论道德两难问题。柯尔伯格规定的讨论内容必须是一些能引起学生道德认知冲突的道德两难故事；参与讨论的学生必须是由处于不同发展阶段的学生混合组成；教师在讨论中应该是循循善诱的指导者。道德讨论模式在道德教育实践中取得了一定的积极效果。显然，柯尔伯格针对青少年的心理特点，运用“故事—讨论”法，充分调动了青少年的思维，在教师的引导下，通过“悖论”的解套，刺激道德认知的内在生成。

二、公正团体模式

“其主要形式是在团体中形成民主环境，建设起公正的集体氛围，使每一个团体成员之间的关系都体现出团结、关怀、责任、义务等亲社会特征，以此来促进个体道德发展。公正团体的基本目标是培养学生的集体感，最终的教育目的是提高学生的道德认知水平，培养学生的道德判断能力和道德抉择能力。在公正团体模式中教师的任务是建立一个良好的公开的班级风气，确定有效的团体活动时间，鼓励学生交往，发展学生的探究问题技能。有研究证明，公正团体法可以增加学生对班级、学校的认同感，增加对集体的责任意识。公正团体模式的实施过程采用的是民主管理方式，团体的决定是基于最高道德推理，但是由于大多数学生的道德推理水平仍处于习俗阶段，这就需要教师给学生讲解最合理的推理并不断地给予鼓励，使学生的道德判断能力能够最大限度地受益于道德教育，从而得到发展。”[1]这是“道德讨论策略”的补充，重在以“动”励“行”，在一个榜样式的良好环境中，全面进行道德体验，从而在实践中强化道德认知。

柯尔伯格的策略，是认知教育与实践教育双管齐下，实质上与我们素来“认知、情感、意志、行为”联动的德育规律非常吻合，因为，人类特别是青少年的心理发展规律本来就如此。所以，教育没有任何捷径可走，也不可能一蹴而就，唯有守正笃实、久久为功，才能日渐成效。

德育的实效源于“接地气”，一是工作方针的求实，二是工作方法的创新。

学校德育离不开“宏大叙事”，但是，在道德“自我约束”方面，更有效

---

❶ 史玉玲:《道德发展认知理论对当前学生道德发展中知行矛盾冲突解决策略的启示》，载《河南职业技术师范学院学报（职业教育版）》2008年第4期。

的是让青少年清晰地看到个人一般行为的“红绿灯”，如果在日常生活中，是与非的判断，还需要青少年费思量，那是教师的工作不到位。

意志品质也是一个不可或缺的因素。生活中常见，陌生人路遇老人摔倒时，好心施救反成“肇事者”的先例，这会让施救者心生顾忌选择悄然离开，虽然施救者明知这是不道德的。正确的情感存在，然而正确的行动却没有发生，这是一个常见现象，尤其是在青少年群体中。

“自我约束”是养成教育、形成习惯的结果。柯尔伯格的“道德讨论策略”与“公正团体模式”，就是一种学校形态的养成教育。美国心理学家威廉·詹姆士说：“播下一个行动，收获一种习惯；播下一种习惯，收获一种性格；播下一种性格，收获一种命运。”中国古代历来重视童蒙教育。朱熹亲撰的《童蒙须知》规定儿童须知：“大抵为人，先要身体端正。衣服、鞋袜，皆需收拾爱护，常令洁净整齐。”

多要素融入、多平台呈现、多形式交互、多角色参与的实践性活动具有良好的教育效果。可是，青少年学生以学习为主，用来参加这种活动的大块时间不多。但现在我们完全可以运用信息化、数字化手段，创新性地为学生开辟一个德育新空间。

在德育新空间中，当下已经普及的智能手机、平板电脑等都可以作为全部信息发布、推送与交流的终端，实现工具的新颖性和泛在性。在德育新平台上，应当有海量的信息库存，学生可以根据自己的需要与喜好，选择内容吸纳，实现个性化学习，甚至可以自己动手制作信息上传，实现教育过程的主体参与。在参与过程中，学生可以在线与教师、家长、同学乃至社会上的教育专家开展交流，真正实现无心理障碍的深度交流，凸显建设性。学生在课余不拘时间长短，可以随时上线，实现“碎片化”教育。

人们曾经痛恨电子游戏让青少年不能自拔，也不清楚为什么动漫人物对青少年有如此大的吸引力。现在当德育从理念到手段再到内容都跟上时代发展的步伐时，我们就会感到教育与时俱进的强大力量。

第五节　有导向的评价是最有价值的自觉

评价内容包括思想品德、专业知识、综合知识、实践能力等方面。

（一）思想品德评价

通过对学生日常行为进行评价，考察学生的世界观、人生观和价值观。主要包括：

第一，参加学校、学院、学生会、班团、社团等组织的思想政治理论学习、科研实践、学科竞赛、学术研究、课外创新发明、社会实践、青年志愿者活动、文化艺术比赛、体育比赛等各项集体活动的优秀表现。

第二，在公益活动中的优秀表现。

第三，在践行社会主义核心价值观方面的优秀表现。

第四，在精神文明建设中的优秀表现。

（二）专业知识和综合知识评价

依据学生的学年学业成绩进行评价，考察学生学习的勤奋努力程度、学习质量和水平。

（三）实践能力评价

依据学生在学术、社会实践、创新创业、社会工作、文体竞赛等方面所取得的成绩进行评价，考察学生的实践能力、组织能力和创新能力。

（四）文化艺术比赛、体育比赛

参加各种文化艺术比赛、体育比赛的表现也常被作为评价内容。

“自我评价”与其说是一种态度，不如说是一种智慧。“多元智能”理论的创始者加德纳就把“自我认识智能”纳入他最先提出人类的七种智能之一。他说：“这就是有关人的内心世界的认知：了解一个人的私人感情生活和情绪变化，有效地识别这些感情，最后加以标识，作为理解和指导自己行为的准则的能力。具有较好“自我认识智能”的人，脑中关于自己有一个积极的、可行的和有效的行为模式。”[1]

“自我评价”源于学生主体性提升，导向学生自主发展，所以，这是一种最清醒、最有价值的自主自觉。

由于问题的重要性，青少年学生的自我评价问题，是教育科学、心理学等学科的研究热点，大量的研究，概括出大学生的自我评价，主要集中于学习评价、人际关系评价和外貌评价三个方面。虽然他们尚在成长，具有可塑性，一切都还没有定型，但是，他们的自我评价已经表现出一定的规律性，认识这些规律，有助于高校的教育工作。

中国科学院心理研究所的研究揭示[2]：进入青春期的男生在各方面的自我评价明显高于女生。这表明，在社会传统的影响下，男生的独立性与自信心较强，而女生的依赖性更强。但男生往往高估自己，女生多低估自己。

在人际关系自我评价方面，学生中的独生子女要好于非独生子女。这与其他学者的研究结论一致。这说明，当下社会，独生子女家庭比较重视子女的团结教育，而且，独生子女的社会交往愿望、与人交往的能力也明显强于非独生子女。

学习自我评价较高的学生，对于各种事情的处理相对乐观，而且寻求主动解决的态度与寻求他人帮助解决的态度也相对积极。这说明，良好的学业成绩有助于学生获得他人关照，这能够提升学生的自信水平、自尊水平和自我评价水平，从而使学生获得更好的问题解决预期。

人际关系对学生的处事态度有较大影响，融洽的人际关系，有助于提升学

[1] 霍华德·加德纳：《多元智能》，沈致隆译，新华出版社1999年版，第27页。

[2] 钱雅琴、李育辉、张建新：《大学生自我评价与应对方式的相关研究》，载《中国临床心理学杂志》2007年第1期。

生的人际交往能力，使学生一旦遇到困难与问题，不会采取消极应付态度，而是积极寻求解决方式。

青春期的大学生，如果对自己的身材外貌、衣着打扮都比较满意，就会更加自信，这种自信会使他们对自己其他方面的能力更有信心。

在学生“自我评价”的背后，教师的强大影响或明或暗。所有的调查都表明，教师的态度可以直接左右学生自我评价的结论。20世纪60年代初，哈佛大学的罗森塔尔博士揭示出的“皮格马利翁效应”，放之四海而皆准。现代教育更以“自我调节学习理论”进一步揭示出教师与学生间的互动作用。没有学生有效的“自我调节学习”，学生的“自我评价”就失去了意义。

“自我调节学习一般指个体自觉确定学习目标、制订学习计划、选择学习方法、监控学习行为操作、营造有助于学习的物质环境与社会环境的过程或能力。作为一种能力，自我调节学习是随着自我系统的逐渐成熟而发展起来的，它在个体的毕生发展中起着极为重要的作用。大量的研究与事实表明，学生对自己作为学习者角色的知觉以及随后对自己学习活动实施的控制与调节是影响其学业成就的关键性要素。”作为自我调节学习理论的一个主要研究者，“美国著名教育心理学家齐默尔曼认为，自我调节学习应当有六个学习维度，即学习动机维度、学习方法维度、学习时间维度、行为操作维度、物质环境维度以及社会环境维度”[1]。

显然，所谓“自我调节学习”，就是基于学生高度自觉的自主学习。在这种学习模式中，学生首先应当为自己规定一个明确的、具体的目标，而后在学习过程中，以目标为导向，以目标的实现为原则，严格要求自己不懈怠、不放松。其次，学生个体的学习意志起着主导性、决定性作用，它保障着学习必要的紧张度、充分的学习时间投入。再次，在整个学习过程中，学生的学习行为

[1] 纪海英：《大学生自我调节学习能力的发展及其与学业成就的相关研究》，南京师范大学硕士学位论文，2003年4月。

与学习策略融为一体，联合运用。时间管理、学习方法、学习技能与自我评价、自觉反思，能促进学生自我调节学习能力的发展和巩固。最后，学生自觉地克服、排除各种干扰，专注于学习。

德国学者齐默尔曼总结说："在自我调控的学习过程中，学生为实现既定目标，需要系统化地调动并保持认知、行为和情感三方面的努力，并且在自我效能感的基础上，学生有意识地用特定的策略来努力实现学习目标。学生调节的不仅是学习行为，还有潜在的动机，比如认知、信念、意图和情感"[1]。

当代学生能够自主进入"自我调节学习"模式的不在多数，应当构建学生与教师的联动机制，以学科教学为路径，以帮助学生提升"自我调节学习能力"为切入点，促进学生自主学习。从前面的论述可见，学生的自我调节学习能力是一种综合能力，它超越具体的学科学习策略，着眼于解决学习过程涉及情感、态度、动机、方法等领域的总体性、系统性问题，因此，它是一种能够形成能力的能力——"元能力"。

研究表明，"自我调节学习能力"的提升办法有两种，一是注意形成"元认知知识"，就是师生互动，分析影响学生学习过程与学习结果的具体因素是什么，只有明确了何为影响因素，才能在具体的学科教学中采取相应的策略。二是注意激发学生的"元认知体验"，就是使学生在明确自己学习目标的前提下，从整体上把握自己的学习过程、学习内容、学习方法。这落实到六个维度，则是：①学习动机维度，就是要树立崇高理想，端正学习动机，明确发展方向。②学习方法维度，一方面是有计划地学习，另一方面要注重领会蕴含在知识体系中的科学思维，掌握逻辑分析、推理的基本方法。③学习时间维度，就是要做好时间管理，合理安排学习与休息时间，提高学习效率。④行为操作维度，就是要以坚强的意志，自我约束、自我监控、自我判断、自我控制。

---

[1] 转引自刘邦祥、姜大源：《影响学生自我调节学习的因素》，载《职业技术教育（教科版）》2003年第1期。

⑤物质环境维度，就是要适应不同的学习环境，不但要在安静的环境大学习，也要在嘈杂的环境中凝聚精神，不受干扰。⑥社会环境维度，就是要见贤思齐，把班级中的先进同学树立为学习的榜样，同时，遇到学习上的难题，勇于、善于向老师和同学求教。

对于教师的具体教学，一是教师应从学生视角，设计并宣示基于三维教学目标的具象化学习结果，并且根据知识的特点，尽可能做到可测量、可观察、可量化。二是要善于创造问题情境，引导学生分析情境、理解情境，进而寻求解决策略。三是要鼓励学生大胆提出问题，即使问题再简单，也要敢于亮出来，以促进自己的批判性思维。四是要指导学生在学习过程中常反思、善概括、多总结，以此促进知识的理解内化。

第九章

新时代应用型高校大学生价值观培育

作为大学生成长的摇篮，高校是帮助大学生树立正确理想信念、凝聚共同价值追求的重要场所，肩负着帮助他们“扣好人生第一粒扣子”的重要任务。掌握科学方法、开拓有效途径，加强大学生社会主义核心价值观培育既要讲求人性化、接地气，也要讲求常态化、善创新，更要讲求系统化、拼合力。

因此，我们既要把引导大学生践行社会主义核心价值观作为首要任务，用马克思主义占领意识形态领域的主阵地，用社会主义、共产主义的道德观念塑造灵魂，树立分辨是非的标准，增强大学生对社会主义核心价值观的认同，也要重视对大学生的人文关怀和心理疏导，更要发挥三个平台对大学生潜移默化的作用。

第一节 增强大学生对社会主义核心价值观的认同

习近平总书记在北京大学视察时指出，青年的价值取向决定了未来整个社会的价值取向，而青年又处于价值观形成和确立的时期，抓好这一时期的价值观养成十分重要。青年要从现在做起、从自己做起，使社会主义核心价值观成为自己的基本遵循。认真学习和领会习近平总书记重要讲话，不断增强大学生对社会主义核心价值观的理论认同、情感认同和行为认同，使其做到“真学、真懂、真信、真用”，是引导大学生培育和践行社会主义核心价值观的基本前提。

一、加强思想教育创新，不断增强大学生对社会主义核心价值观的理论认同

社会主义核心价值观具有丰富的理论内涵和重要的现实意义。要加强思政课体系和教学方法创新，使大学生全面把握和深刻理解核心价值观的理论内涵，做到内化于心。要实施思政课建设体系创新，构建思想政治理论教育、人文教育、专业教育一体化教学体系，将三者有机融合、相辅相成地贯穿大学生核心价值观培育和理论认同的全过程。充分发挥思政课的主渠道作用，完善课程优化配置，合理安排与社会主义核心价值观内容相关的课程，不断丰富课堂教学的内容。同时，要在人文教育和专业教育中积极融入核心价值观教育，有针对性地设置人文科学课程，充分挖掘专业课的核心价值观培育资源。要提高思政师资队伍能力建设，根据教师的学术专长，从不同维度，用喜闻乐见的形

式向大学生讲深、讲透、讲活社会主义核心价值观，使大学生真心喜欢，并终身受益。

要进行课程教学方法和技术创新，提升核心价值观教育的育人实效。要改变传统思想政治教育以教师为主导的教学结构，注重师生之间的交互启发，引导学生提出不同的见解和观点。要结合不同主题教学的目标与要求，采用专题讲座法、个案分析教学法等，采取大学生乐于接受的教学手段，做到对象化、接地气。要加强多媒体网络教学、微信课堂等技术手段的运用，激发大学生对核心价值观理论知识的学习兴趣，加深其对核心价值观的理论认知和理解。

二、发挥合力，不断增强大学生对社会主义核心价值观的情感认同

情感认同是理论认同的深化，是行为认同的基础。要形成社会、家庭和学校教育的合力，发挥文化育人和典型感化作用，不断强化大学生对社会主义核心价值观的情感认同和心理共鸣。

要构建社会、家庭与学校协同教育模式。大学生核心价值观教育是一项系统工程，要积极营造培育社会主义核心价值观的良好社会环境，充分发挥舆论的引导作用，通过主流媒体和微信、微博、微电影等新媒体形式，大力传播向上向善的精神力量。同时，在发挥学校教育主阵地作用的基础上，学校要与家长就大学生的思想、学习、生活及人际交往等方面情况进行有效沟通，科学制定教育对策，共同帮助大学生成长成才、克服困难、解决问题，从情感上促进大学生不断感知、认同核心价值观。

要以典型引领推进形成良好道德风尚。要加大对道德楷模的宣传力度，鼓励科技精英、企业领袖、创业先锋等进校园，分享成功经验，传递正能量。同时，树立身边的优秀典型，使学生明白道德典范并非遥不可及、高不可攀，潜移默化地进行社会主义核心价值观教育，影响大学生的价值取向。

要加强校园文化建设。习近平总书记强调，要使社会主义核心价值观的影响像空气一样无所不在、无时不有。要把社会主义核心价值观培育与校园文化建设紧密结合起来，全面激发校园文化的认知导向、心理调节、人格塑造功能。加强对校园精神的培育，发挥大学校训、校史、大学精神的育人作用，推动形成高雅的文化品位。大力推动校园文化活动推陈出新，建立健全适应新媒体要求的校园文化活动形式，策划开展更多的核心价值观主题文化活动，使大学生时时处处受到积极进取、蓬勃向上的校园文化陶冶、滋养。还要促进大学生进行自我教育，特别在学生遇到困难、陷入迷茫或出现心理困境时，要加强问题引导和心理疏导，增强其情感体验，这对于大学生核心价值观培育具有事半功倍的效果。

三、加强实践育人，不断增强大学生对社会主义核心价值观的行为认同

行为认同是在理论认同、情感认同基础上的外在表现，是对核心价值观认同的关键环节。大学生培育社会主义核心价值观的主旨就在于将之贯彻、实践于社会生活中。

要在教学中强化核心价值观实践环节。高校要结合思想政治理论课特点和核心价值观培育要求，分类制订实践教学标准，增加实践教学比重，规定相应学时学分，加强实践教学管理，切实把核心价值观融入教育教学体系。

要在社会实践中加强大学生核心价值观体验和培育。组织开展社会调查、生产劳动、志愿服务、公益活动、科技发明和勤工助学等社会实践活动，并抓住重要契机广泛开展特色鲜明的主题实践活动，使大学生对核心价值观的先进性和正确性有切身感受[8]。

实现大学生核心价值观教育的“生活化”。习近平总书记指出，一种价值观要真正发挥作用，必须融入社会生活，让人们在实践中感知它、领悟它，在

落细、落小、落实上下功夫。要把校园作为社会主义核心价值观教育的舞台，从大学生日常生活出发，利用课堂、学生社团、宿舍、网络等载体，结合现实中具体细微的场景和身边具体可感的故事，通过感知、领悟和实践，使核心价值观由“知识体系”转变为“情感体系”，继而转变为“认同体系”，从而使核心价值观真正成为大学生心灵的罗盘，做到内化于心、外化于行。

要增强核心价值观的实践育人实效，还需建立制度保障机制。高校要建立健全考核与评价体系，国家层面要在政策保障、经费投入、权益保护等方面给予支持。

第二节　重视对大学生的人文关怀与心理疏导

人文关怀是对人的生存状况的关怀，是对人的尊严与符合人性的生活条件的肯定，要求关注人的生存与发展，关心人、爱护人、尊重人。心理疏导是通过解释、说明、支持、同情以及理解，运用语言和非语言的交流方式，影响对方的心理状态，改变对方的认知、信念、情感、态度和行为等，从而达到降低心理压力，促进人格健康、协调发展的过程。注重人文关怀与心理疏导是以人为本的理念在思想政治教育中的体现，是增强思想政治教育针对性、实效性的重要途径。人文关怀与心理疏导有助于青年学生在感动与共鸣中形成社会主义核心价值理念，在大学生社会主义核心价值观培育中应当予以高度重视。

一、运用人文关怀和心理疏导方法的依据

在当代大学生中培育社会主义核心价值观是灵魂塑造工程，既要系统地引导大学生培育正确的价值观念，又要关注并疏导大学生普遍存在的心理问题，

这样才能培养出人格健全的大学生。注重人文关怀与心理疏导，是新形势下开展大学生社会主义核心价值观培育的必然要求。

首先，运用人文关怀和心理疏导的方法，是大学生以社会主义核心价值观培育自身的要求。从内在属性看，大学生社会主义核心价值观培育以人为对象，以思想观念为内容，不仅涉及人的思想、观念、意识，而且涉及人的生理、情感、兴趣、家庭、环境和社会生活等各个方面。对大学生的教育必须以尊重和激发他们的主体能动性为基础，一切教育影响和教育措施都必须经过学生的领会和主体内化，才能真正得到贯彻并成为内在的本质力量。从教育对象的主体特征看，大学生主体自身的不完全成熟与强烈追求自主性之间的矛盾需要外界给予人文关怀与心理疏导，以帮助他们正确地选择和确定自己的追求目标。从沟通过程看，富有情感的人文关怀与心理疏导最容易让教师走入大学生内心深处，感动大学生、塑造大学生，促进教育目标的实现。长期以来，大学生社会主义核心价值观培育忽视了人的主体性，忽视了对人的思想困惑与心理问题的疏导，使教育活动偏离了“现实的人”的主题，实效性受到较大影响。当前，在大学生社会主义核心价值观培育中亟须落实以人为本的教育理念，贴近大学生思想心理的实际，在了解大学生的基础上，以剖析他们的思想变化、疏导他们的心理问题、实现他们的观念转变、塑造他们的精神世界为目的，以关心人、激励人、提升人，尊重人的价值、激发人的主体性、调动人的积极性为宗旨，关注大学生的全面发展与自我完善，通过人文关怀与心理疏导，增强培育的实效性[5]。

其次，运用人文关怀和心理疏导的方法，是大学生社会主义核心价值观培育直面现实的需要。在大学生社会主义核心价值观培育中运用人文关怀和心理疏导的方法，既是适应新时期形势发展的需要，也是促进大学生自身成长的必然需求，还是彰显社会文明进步的重要标志。随着社会的进步、人民生活水平的提高，人们的精神生活与精神世界更加丰富。与此同时，社会生活的急剧变化，工作和生活节奏的明显加快，竞争的日趋激烈，导致人们生活和工作的压力增大，各种心理障碍和精神疾病大幅增加，由此引发的思想问题及其社会问题也日益突出。反映在大学生群体中，独生子女占有很大的比重，有的大学生从小到大都生活在溺爱与娇生惯养的家庭环境中。有的大学生只有从家门到校门的两耳不闻窗外事、一心只读圣贤书的经历，社会历练少，社会经验少，对真、善、美的鉴别能力差，对困难与挫折的承受能力差。有的大学生持有心高气傲的秉性与我行我素、不愿意与别人沟通、不愿听从他人说教的个性特征，往往依赖于个人的主观想象判断事情的正误，极易产生思想问题，做出过激行为。面对纷繁复杂的经济、政治、文化背景，面对众多的思想包袱和心理困难，只有注重人文关怀，给大学生以更多的指导、正确的引导和及时的心理疏导，才能帮助他们又好又快地成长与发展，帮助他们形成社会主义核心价值观。

最后，运用人文关怀和心理疏导的方法，是大学生社会主义核心价值观培育提高实效性的需要。大学生社会主义核心价值观培育的实效性与其针对性、情感性、前瞻性和系统性密切相关，而后四者又与人文关怀和心理疏导的方法密切相关。“针对性”要求价值观培育要有的放矢。要提高当代大学生社会主义核心价值观培育的针对性，就要转变过去的思维定式和教育模式，将教育目的与教育对象的思想心理状况紧密结合起来考虑；把讲道理与解决实际问题结合起来，把大学生思想热点问题作为教育的切入点和着力点；要掌握大学生的心理变化和思想动态，做得其心、暖其心、稳其心的思想工作。“情感性”要求价值观培育要有“人情味”，以情感人，而人文关怀正是大学生社会主义核心价值观培育情感性的体现。注重人文关怀，实施情感化教育，可以弥补理性化教育形式的缺陷，使教师既有奔放的感情，同时又保持冷静的头脑，使学生能够从情感上接受教诲。“前瞻性”要求教育者关注大学生的心理动态，把握大学生心理变化的趋向，提前予以引导与疏导，把问题解决在萌芽状态；而不是每次都等到大学生出现思想问题、心理问题且越发严重时，才被动地做弥补工作。“系统性”要求价值观培育不能仅仅局限于方法上的理论灌输、渠道上的课堂教育，而要从多角度、多层面做好工作，尤其要注重以润物无声的方式解决大学生的思想心理问题。总之，大学生社会主义核心价值观培育的针对性、情感性、前瞻性、系统性有赖于人文关怀与心理疏导，离开了人文关怀与心理疏导，其效果就会大打折扣。

二、运用人文关怀和心理疏导方法的思路

人文关怀与心理疏导是以人为本的理念在当代大学生社会主义核心价值观培育中的体现，同时也是当代大学生社会主义核心价值观培育直面现实、提高实效性的必然。在具体工作中，实施人文关怀与心理疏导的方法，需要从以下几个方面做出努力：

首先，要关注大学生的心理感受，满足大学生多方面的需求。大学生的感受和需求是多层次、多方面的，包括满足感、自豪感、成就感、安全感、被尊重感等。推进新时代大学生社会主义核心价值观培育工作，要关注大学生的感受，特别是其理想信念和情感。要引导他们加强自身修养，提高精神境界，完善自我人格，把个人发展与国家发展、民族振兴结合起来，把自身与他人价值的实现、社会价值的实现统一起来，在为祖国和民族的奋斗中实现自身价值，最大限度地消除引发大学生心理失衡、失调的外部诱因，使之在心理健康的基础上成才。这种关注要体现在情感关注与心理疏导方法的运用上，让大学生的情感得到尊重与关怀，心理问题得到有效的疏导。教育者要带着对学生的深厚感情做工作，避免以居高临下的姿态，使学生和教师产生距离和隔阂。这就需要教师提高自身人文素养，将心比心，换位思考，以平等的姿态与学生交流，建立起民主平等、团结友爱的师生关系。实践证明，在大学生社会主义核心价值观培育中，就其实际教育效果而言，与其磨破嘴皮讲一大堆空道理，不如真心实意办一件能感动学生的事情。应通过为困难学生送温暖、对问题学生家访、探访生病学生等活动，给予学生人文关怀，使学生感受到浓厚的人情味，

拉近师生之间的距离。在大学生社会主义核心价值观培育中实施人文关怀和心理疏导，教师还要讲究工作策略，注重语言艺术，既讲原则，又讲情理，在工作时笑脸相迎，好言善语，不讲粗话脏话，让学生感觉如沐春风。这就要求相关领导与教师既要学习党和国家的教育方针，又要学习教育学、管理学、心理学、礼仪学以及演讲与口才等来提高语言艺术，在和谐的气氛中取得最佳培育效果。

其次，要注重对大学生的心理疏导，开展心理咨询和心理健康教育。心理疏导是使大学生获得身心健康的一种方法。这种方法能够缓解大学生的心理压力，平衡大学生的心态，提升大学生的心理适应能力，以润物无声、潜移默化的方式促进大学生人格健康发展。心理疏导的个别实施方式是心理咨询，常规实施方式是心理健康教育。目前，心理咨询与心理健康教育已普遍为我国高校所重视，心理健康课也在高校普遍开展。开展心理咨询与心理健康教育，目标应着眼于引导大学生用和谐的方法、和谐的思维方式认识事物、处理问题；养成乐观、豁达、宽容的精神和自尊自信、理性平和、健康向上的社会心态，以开阔的心胸和积极的心境看待一切。在人与人的关系上，应引导大学生树立合理竞争、共同发展的理念，提倡包容合作精神，形成男女平等、尊老爱幼、互爱互助、见义勇为的风尚。在开展心理咨询与心理健康教育的同时，要利用好各种有效载体，着力丰富校园文化生活，满足大学生的精神文化需求。要充分发挥文学艺术陶冶情操、愉悦身心的独特作用，有效地调节大学生的情感和心理，消除他们的忧郁感、孤独感、失落感等不良情绪，让他们感到身心愉快。现在，我国正处于改革的攻坚阶段和发展的关键时期，要引导大学生将满腔的爱国热情转化为刻苦学习的实际行动，冷静理性、合法有序地表达诉求，不做任何损害社会稳定、损害同学团结的事。

最后，完善机制，加大投入，使人文关怀和心理疏导成为当代大学生社会主义核心价值观培育的常规方法。新形势下，要注重完善大学生心态疏导、调适与平衡工作体系，保证大学生情绪交流渠道畅通，避免不良心态积累恶变，引导大学生心态良性变化，帮助他们在潜移默化中达到心理和谐健康。要把重点放在培养大学生积极健康的情绪上，通过对认知、情感、动机和态度诸环节的心理调节，真正提高大学生的心理承受能力，激发他们内在的心理潜力，形成一种积极向上、团结友爱的心理定式。同时，要注意给大学生心灵“充电”，关注他们的心理健康。要以情感人、以理服人、以教诲人、以诚动人，对存在心理障碍的大学生积极进行治疗，帮助他们解决思想困惑和烦恼，缓解情绪，使他们从心理“亚健康”中解脱出来，从而达到疏通心绪、实现心理关怀的效果。要加大心理卫生硬件的投入，健全心理咨询网络，把人文关怀和心理疏导贯穿、渗透、体现于社会教育、家庭教育、学校教育各个环节和舆论引导、文化消费、志愿服务、专业咨询、心理医疗等各个方面。要在各种组织内部建立健全人文关怀机制，加强老师与学生、学生与学生之间的交流沟通，及时帮助学生解决思想情绪和心理健康方面的问题。要加强对大学生的心理监测、评估和预警，像开设专业课一样设立心理健康教育课，设立专门的心理咨询室，并确定具体的考核目标。要明确要求教师在课堂上，尤其是思想政治理论课堂上重视人文关怀和心理疏导，要求辅导员与各级学生管理部门工作人员充分运用人文关怀和心理疏导的方法开展学生工作，把人文关怀与心理疏导贯穿、渗透于当代大学生社会主义核心价值观培育的全过程。

第三节　发挥三个平台对大学生潜移默化的作用

中共中央、国务院发出的《关于进一步加强和改进大学生思想政治教育的意见》提出，要紧紧围绕育人这个中心，大力推动大学生思想政治教育“进网络、进社团、进公寓”。作为大学生日常生活的重要组成部分，网络、社团、公寓已经成为思想政治教育的新阵地、新途径、新载体。要高度重视网络、社团、公寓的教育功能，充分发挥这些新阵地、新途径、新载体在当代大学生社会主义核心价值观培育中的重要作用[9]。

一、为社会主义核心价值观“进网络、进社团、进公寓”提供必要的支持

社会主义核心价值观“进网络、进社团、进公寓”与“进课堂、进教材、进头脑”的最终目标都是“进头脑”，在途径上，前者是对后者的拓宽。推动社会主义核心价值观“进网络、进社团、进公寓”这项工程，需要所有高校管理者与思想政治教育实施者提高认识、更新观念，全身心地热情投入。

首先，要面向基层，更新观念，用高度的责任心推进。社会主义核心价值观“进网络、进社团、进公寓”是适应国内外形势的新发展与高等教育的新变化而必须启动的重要工程，各高校和相关部门应从国家意识形态安全的高度，从科学化、人性化、实效化管理的角度充分认识这项工程的重要性，更新观念，加强领导，创新方式，牢牢把握正确方向。长期以来，网络、社团、公寓一直是高校思想政治工作相对薄弱的环节，是靠基层、靠群众、靠学生自己去打拼的一块领地。高校的领导和管理者很少有人深入网络、社团、公寓，研究大学生体现在其中的思想动态、价值趋向，了解这项工作的基本规律，因而在具体领导这项工作时，难以发挥好广大基层工作者、学生党员干部、学生积极分子的作用，难以理解基层工作者的苦衷，难以把工作做深、做细、做到点、做到位，客观上制约了工作实效性。在新的形势下，高校应把社会主义核心价值观“进网络、进社团、进公寓”作为贯彻党的教育方针、推进社会主义核心价值体系建设的重要组成部分，纳入学校整个工作计划。各相关部门应在党委领导下，切实承担起应负的责任，形成党委领导、行政支持、相关部门负责、各部门共同关心的格局。同时应建立相关工作机制，逐级落实管理责任和控制

措施，从制度上确保社会主义核心价值观“进网络、进社团、进公寓”的人、财、物投入，用好鼓励措施，调动各方积极因素，确保工作的计划、程序和责任人的落实。

其次，要完善制度、规范管理，用科学的精神推进社会主义核心价值观“进网络、进社团、进公寓”。抓制度，抓管理，强化工作的科学化进程，是持之以恒抓好大学生社会主义核心价值观培育工作的保证。在社会主义核心价值观“进社团”方面，高校应根据各自学校的特点，制订、修订具体的《学生社团管理办法》，在社团成立、审批、活动开展、工作考核、评先树优、财务管理和监督、队伍建设等重点环节明确管理内容、目标和办法。应督促学生社团制订、执行《社团章程》和内部工作制度，对学生社团及其成员的行为加以规范，保证学生社团健康、持续、稳定发展。同时，要强化舆论引导，根据实际情况，集中力量建设一批特色鲜明、管理规范、在校园有广泛和积极影响的社团，发挥其示范和带动作用。高校还应鼓励有专业特长的教师主动走进学生社团，帮助大学生解答疑问，提高社团工作水平和层次。在社会主义核心价值观“进公寓”方面，高校应按照管理与教育相结合的原则，重新修订原先的公寓管理制度，将宿舍成员思想政治素质、宿舍成员内部和谐程度、宿舍成员学习进步幅度、宿舍成员文体素质发展、宿舍文化建设状况、道德修养与行为文明等因素纳入公寓管理评价体系中，把公寓这一传统意识中单纯的居所改造成大学生社会主义核心价值观培育的新阵地，用良好的舍风带动良好的系风、院风、校风、学风。同时，应制订《公寓思想政治教育工作者行为规范》，作为从事公寓思想政治教育工作的教师的行为指南，确保有一支优秀的思想政治教育队伍从事公寓中的社会主义核心价值观培育工作。

最后，要创新思路，探索方法，用细致有效的工作推进社会主义核心价值观“进网络、进社团、进公寓”。新的工作思路和工作方式来自实践，来自志同道合者思想火花的不断交融与碰撞。做好社会主义核心价值观“进网络、进社团、进公寓”工作，需要高校有意识地经常召开专题现场会、座谈会和研讨会，结合创建精神文明单位等措施，督察有关部门的执行情况，认真总结经验、积极探索规律，及时把工作中好的经验和做法用制度形式固定下来、坚持下去。同时，对存在问题较多的环节，要集中力量加以解决。应密切关注和研究社会主义核心价值观“进网络、进社团、进公寓”中遇到的新情况和新问题，以求真务实、与时俱进的精神改进网络、社团、公寓中的大学生社会主义核心价值观培育工作。在探索社会主义核心价值观“进网络、进社团、进公寓”的方式和办法时，应认真研究“进网络、进社团、进公寓”与“进教材、进课堂、进头脑”之间的衔接与渗透，通过创新“进网络、进社团、进公寓”的内容和形式，适应大学生需求，增强工作的吸引力。在推进社会主义核心价值观“进网络、进社团、进公寓”时，还应重视实践基地建设，形成相关研究平台。应鼓励和发挥高校思想政治教育研究会等学术机构和学术团体在科学研究、决策咨询、工作指导等方面的重要作用，把社会主义核心价值观“进网络、进社团、进公寓”纳入科学研究范围，集中一大批既具有实践经验又具有较高学术水平的专家学者对相关重点、难点进行攻关，取得创新性研究成果，应用到实践中去。

二、积极推动社会主义核心价值观“进网络、进社团、进公寓”

面对国内外形势的新变化与大学生思想观念的新特点，高校应及时推动社会主义核心价值观“进网络、进社团、进公寓”，否则，就有可能丧失阵地、陷入被动。需要注意的是，虽然网络、社团与公寓都是大学生社会主义核心价值观培育的重要新阵地、新途径、新载体，但网络是虚拟空间，社团是社会组织，公寓是大学生的日常生活处所，三者的特点又有很大差别，因此，推动社会主义核心价值观“进网络、进社团、进公寓”，应针对网络、社团、公寓各自的特点，制定相应的对策。

首先，必须牢固树立阵地意识，积极拓展网络空间，运用互联网推进大学生社会主义核心价值观培育。当今时代，互联网的发展已成燎原之势，在广大青年学生中传播着各种知识信息、思想观念和价值观念，占领这块新阵地意义深远而重大。通过互联网，我们可以用全新的形式把社会主义核心价值观渗透进大学生的头脑，引导他们树立正确的世界观、人生观、价值观。通过互联网，我们能更清楚地掌握青年学生的思想脉搏、文化动态，引导他们摒弃腐朽落后，甚至反动的思想观念，形成健康的人生态度和价值尺度。

其次，必须以社会主义核心价值观引领大学生社团工作，力促社会主义核心价值观"进社团"。在中国高等教育发展史上，社团向来是学生思想交流的主要阵地，各个时期都发挥了相当重要的作用。在新的历史时期，更要高度重视社团的思想教育功能，力促社会主义核心价值观"进社团"。这项工作要取得实效，既要继承传统，又要与时俱进，推陈出新。一是要把社团工作纳入大学生社会主义核心价值观培育领域，充分认识这一阵地在引领大学生价值观念发展中的重要作用。要大力支持学生社团开展活动，努力加强对学生社团的指导；要引导学生社团依据国家的法律法规，按照各自章程，独立自主地开展社团活动；要通过优秀社团评比展示、社团文化节、社团活动展演等方式，活跃社团活动，扩大社团影响，为学生社团发展注入活力、创造条件、搭建舞台、营造氛围；要加大对学生社团建设的投入，为学生社团活动提供必要的活动经费、活动场地、活动条件，保证学生社团活动正常开展；要大力扶持理论学习型社团，热情鼓励学术科技型社团，正确引导兴趣爱好型社团，积极倡导社会公益型社团，确保社团结构合理、方向正确；要充分调动专业教师的积极性，选派有专长和责任心强的教师指导学生社团建设，并创造条件，提高社团指导教师的主动性、积极性、创造性和工作水平。二是要重点抓好大学生社团骨干队伍的建设与培养。要选拔培养那些思想过硬、作风正派、素质全面、有社会工作能力的学生担任社团负责人；要有计划地对学生社团负责人进行培训，有针对性地提高他们的综合素质；要帮助他们不断拓宽社团发展空间，增强吸引力和创造力，为更多的学生提供学习锻炼的平台；要把学生社团负责人和骨干人员纳入共青团和学生干部体系，在推优评奖和综合测评等方面充分考虑他们从事社团工作及其业绩，通过他们凝聚更多的学生，使社团聚集在党团组织周围。三是要不断探索并健全大学生社团发展的工作机制。要把学生社团活动作为学校贯彻党的教育方针，推进素质教育的重要组成部分，以育人功能和活动效果为主要指标，以年度考核为主要方式，综合评价学生社团的活动和建设；要把学生参与社团活动的情况作为《大学生素质拓展证书》记录的重要内容之一，并纳入学生综合测评体系，形成完善的评价机制；要定期对表现优秀的学生社团、成效显著的社团活动、工作出色的社团负责人、积极参与社团活动的学生、成绩突出的社团指导教师和工作人员给予适当的表彰和奖励，形成完善的激励机制；要以专家学者、干部教师和学生骨干为主体构建研究队伍，关注和研究学生社团发展中出现的新情况、新问题，掌握学生社团工作的动态信息，总结和把握高校学生社团发展的规律，为学生社团的繁荣发展提供理论支持，建立研究机制。

最后，必须高度重视大学生公寓的教育功能，探索社会主义核心价值观“进公寓”的方式和途径。多年来，高校在学生宿舍管理中取得了许多宝贵经验，为大学生社会主义核心价值观培育“进公寓”奠定了坚实的基础。但在高校学生宿舍管理公寓化、社会化与学生不断扩招的形势下，社会主义核心价值观“进公寓”又在一定意义上成为一项全新的工作。这项工作有传统宿舍管理的基础，却没有适应新形势、新任务的经验和模式。面对新形势、新任务，高校应针对当前大学生公寓的特点和大学生学习、生活的特点，探索以公寓为基地开展大学生社会主义核心价值观培育的方式和途径。公寓是大学生的校园之家，它应有一个舒适温馨的环境，是他们学习工作压力的缓冲带。做好社会主义核心价值观“进公寓”工作，必须适应公寓特点，积极融入学生的生活与需要。

第四节　新时代大学生社会主义核心价值观培育的具体措施

一、把社会主义核心价值观培育融入高校人才培养全过程

（一）融入高校规章制度建设中

高校要以社会主义核心价值观的基本内容为指导，制定各项规章制度，使“三个倡导”能够很好地融入各项规章制度之中，发挥社会主义核心价值观的价值导向功能。通过规章制度建设，来保障社会主义核心价值观培育的有效开展，优化核心价值观培育的制度环境，健全社会主义核心价值观培育的运行机制、保障机制与反馈机制。高校要将社会主义核心价值观的基本要求以规章制度的形式相对固定下来，使社会主义核心价值观成为当代大学生日常学习生活的基本规范和行为准则，成为交往实践的价值标尺和评判标准，使社会主义核心价值观真正在帮助大学生培养坚定的理想信念、合理的生活方式、健康的交往实践中发挥价值引导作用。

（二）融入课堂教学中

一是要协调思想政治理论课、各门专业课、哲学社会科学课程，将“三个倡导”有机融入其中，形成思想政治理论课、各门专业课、哲学社会科学课程的“第一课堂”理论教学体系。例如，可以将“三个倡导”作为党的最新理论成果，融入“毛泽东思想和中国特色社会主义理论体系”的课程教学中；在“形势与政策”课程教学中，融入“富强、民主、文明、和谐”，将其作为中国

特色社会主义共同理想的高度概括和凝练进行教育；在法学专业课教学中，融入“自由、平等、公正、法治”，使其内化为未来法律工作者的价值追求。

二是要建立和完善社会主义核心价值观“第二课堂”的实践教学体系。高校要立足大学生思想理论研究社团、爱心公益组织和社会实践特色基地等，以实验模拟、参观考察、情节演绎等形式为手段，开展社会调研、义务维修、心理咨询、文化下乡等社会实践活动，把社会主义核心价值观培育从理论课堂拓展延伸到改革建设的前沿阵地，引导大学生在服务社会中升华，深化对社会主义核心价值观的认识理解。

（三）融入教师队伍建设中

将“三个倡导”纳入思想政治理论课和哲学社会科学课教师、辅导员和班主任教育培训体系，要将“三个倡导”融入职前培养和准入、职后培训和管理的全过程，在教师队伍中形成爱岗敬业、严谨笃学、淡泊名利、自尊自律的高尚师德，建设一支高素质、专业化的教师队伍，发挥教师在培育和践行社会主义核心价值观方面的示范引领作用，用教师的高尚人格感染学生、用渊博学识教导学生、用大爱之心呵护学生，做大学生健康成长的指导者和引路人[8]。

（四）融入日常管理与服务中

学校的各个职能部门和教育管理者要强化育人职责，在日常管理中要全面渗透自由、平等、公正、法治和爱国、敬业、诚信、友善等社会主义核心价值观理念，充分体现“三个倡导”的要求。后勤服务部门要牢固树立以学生为本的服务理念，从学生最关心、最直接、最现实的利益问题入手，强化服务意识，提高服务质量，将社会主义核心价值观的培育和践行与解决学生成长成才中的实际困难和问题结合起来，在优化服务、解决学生实际问题的过程中增强社会主义核心价值观的说服力和感召力。对此，武汉大学进行了积极的探索，学校紧紧围绕学生需求，大力推进一站式学生事务与发展中心建设，以学生为本，推动了由管理向服务的转变，提高了办事效率，促进了学生的个性发展，在日常管理和服务工作中彰显社会主义核心价值观的理念，对学生进行了渗透式的教育。

二、拓展大学生社会主义核心价值观培育的有效途径

（一）发挥思政理论课主渠道的认知作用

思政理论课是对大学生进行社会主义核心价值观培育的主渠道，在大学生社会主义核心价值观培育工作中发挥重要的认知作用，有利于大学生形成对社会主义核心价值观的理论认识[9]。

要发挥思政理论课的认知作用，就要积极开展创新教学方法和内容的思想政治理论课教学方法改革，提升思政理论课培育大学生社会主义核心价值观的实效性。要联系改革开放和社会主义现代化建设的实际，联系大学生的思想实际，改变单方面灌输的教学方式，增强教师与学生的互动，利用网络和科技，采用多媒体教学，根据不同的课程要求，采用专题讲座法、案例分析法等，增强教学的感染力和吸引力。

（二）发挥中华优秀传统文化的认同作用

加强中华优秀传统文化教育，有利于增强大学生的民族文化自信和价值观自信，有利于增强大学生对社会主义核心价值观的认同感。要发挥中华优秀传统文化的认同作用，应从以下两方面入手。

一是要深入挖掘中华优秀传统文化与社会主义核心价值观的契合点。中华优秀传统文化中有许多观点与社会主义核心价值观有着密切的联系，我们要深入挖掘和阐发这些契合点的时代意义，使之激发大学生对社会主义核心价值观的认同感。例如，“天下兴亡、匹夫有责”能够激发大学生的家国情怀，使大学生深刻认识到“中国梦”是每个人的梦，应以祖国的富强繁荣为最大的光荣，培养爱国情感，树立民族自信，形成为实现中华民族伟大复兴“中国梦”而不懈努力的理想信念，符合了“富强、爱国”的价值观倡导；还有“尚和合、求大同”体现了“文明、和谐”的价值观念。再如，“仁爱共济、立己达人”体现了社会关爱，能够引导大学生正确处理个人与他人、个人与社会的关系，学会理解他人、尊老爱幼、平等与人相处，正和“自由、平等、友善”相

适应。总之，要充分发掘与社会主义核心价值观相契合的优秀传统文化，处理好继承和创新的关系，重点做好创造性转化和创新性发展。

二是充分利用多种手段对大学生进行中华优秀传统文化教育。要将中华优秀传统文化教育系统纳入教材和课程教学体系，提升中华优秀传统文化教育师资队伍水平；开辟适应时代要求的优秀传统文化网络教育平台，例如，在中国大学生在线、易班网等设立中华优秀传统文化教育专栏，进行形式活泼、内容丰富的在线学习；开展中华优秀传统文化进校园活动，例如，邀请传统文化名家、非物质文化遗产传承人等进校园；利用丰富、生动的社会教育资源加强中华优秀传统文化教育，例如，利用博物馆、纪念馆、文化馆（站）、图书馆、美术馆、音乐厅、剧院、故居旧址、名胜古迹、文化遗产、具有历史文化风貌的街区等，组织学生进行实地考察和现场教学；发挥家庭在中华优秀传统文化教育中的重要作用，例如，倡导家长通过言传身教，形成爱国守法、遵守公德、珍视亲情、勤俭持家、邻里和睦的良好家风，营造弘扬中华优秀传统文化的家庭教育氛围。

（三）发挥社会实践的养成作用

社会实践教育是大学生社会主义核心价值观培育的最有效途径之一。高校应引导大学生在服务他人、奉献社会中升华对社会主义核心价值观的认知理解。发挥社会实践的养成作用应建立以社会主义核心价值观为核心内容的大学生社会实践的长效机制，并以实践课程形式纳入高校整体人才培养计划。一方面，将社会实践与专业学习结合起来，鼓励学生运用自己所学专业知识，参加各类主题教育活动，在实践中加深对国情和党的路线、方针、政策的了解，增强大学生的社会责任感，使社会主义核心价值观真正融入大学生思想政治教育；另一方面，把社会实践与思想品德养成结合起来，大学生在与社会的接触中，学到社会规范和公共道德准则，逐渐养成对社会主义核心价值观的认同，将社会主义核心价值观内化为自己的意志品质，进而转化为自己的行为实践，从而促进社会主义核心价值观的形成。高校要根据教育规律，制订切实可行的实践活动方案，深化实践内容，创新实践方式，使实践教育活动成为大学生学习社会主义核心价值观的动力。例如，建立“知行大讲堂”，整合校内外育人资源，积极探索社会实践与专业学习、志愿服务、党团建设、就业创业等相结合的育人机制，强化实践育人效果。要求思政课教师精心设计思考题，学生带着问题走向社会，在实践中进行思考，然后回到课堂组织讨论、释疑解惑，推动党的创新理论入脑入心；组织大学生深入居民社区参加垃圾分类活动，组织学生参加志愿服务工作，在奉献社会的同时，促进自身素质的提升；通过结对共建活动，实施“党员导师计划”，聘请校外优秀党员担任学生党员导师，不仅带领学生党员学习党的理论，而且带领他们深入基层、了解社会、服务社会；依托相关平台，提高学生的就业竞争力，培养大学生正确的就业价值观和良好的职业道德素养。整合资源，把主题班会、主题党团日、主题组织生活放到企业生产现场，让学生对行业文化、企业文化有更直观、更生动的认识，推进知识学习和实际应用相结合。

（四）发挥校园文化的熏陶作用

高校应以社会主义核心价值观引领校园文化的建设，在建设中体现社会主义特点、时代特征和学校特色，着力打造体现社会主义核心价值观的优秀文化品牌，形成良好的校园文化环境。要发挥校园文化的熏陶作用应从以下三方面入手：

一是将社会主义核心价值观融入校园制度文化建设中。学校所制定的各项规章制度既要充分体现社会主义核心价值观的引导职能和激励职能，又要树立以人为本的理念。要形成科学高效的管理机制以及尊重人才、尊重劳动、尊重创造的激励机制；在学生培养制度方面，要充分发掘学生的潜能，促进学生的个性发展，满足学生的多元需求；要彰显学校对大学生深入灵魂的大爱，突出以人为本的理念，为校园文化建设提供有力的制度保障。例如，可以通过建立勤俭节约奖励制度，引导大学生勤俭节约、艰苦奋斗，对勤俭节约的典范给予奖励，激发更多大学生加入勤俭节约的行列，形成一股清新的校园节俭之风。建设先进的校园制度文化是一项长期、复杂而艰巨的任务，需要高校各部门齐心协力，综合各项优势资源，才能强有力地为校园文化建设注入动力和活力[9]。

二是将社会主义核心价值观融入校园物质文化建设中。首先，要加强校园基础设施与校园环境建设，例如，加强校园环境规划的合理布局，加强校园文化广场等有利于社会主义核心价值观宣传的物质载体建设。其次，大力加强校园文化载体建设。要将“三个倡导”潜移默化地以黑板报、广播、报刊以及校园网等形式呈现出来，用“生活化”的方式宣传社会主义核心价值观的基本内容，使大学生能以一种轻松、自然、愉悦的心情受到社会主义核心价值观的熏陶。最后，可以将社会主义核心价值观融入校园文化标识中。选取、创新各类极富特色的公共标识，将社会主义核心价值观的基本内容融入这些标识中，在体现审美性的同时，兼顾了功能性，能有效地将社会主义核心价值观融入大学生的日常校园生活中。

三是将社会主义核心价值观融入校园精神文化建设中。首先，在校园文化建设的实践中，应当重视对大学生行为文化的培养，通过树立典型代表，发挥榜样、先锋的模范作用，以此推动校风建设。其次，要结合多种多样的校园文化活动宣传与普及社会主义核心价值观，例如，持续、广泛地开展学术活动大讲堂、校园文化艺术节、各类创新发展大赛等校园文化活动。同时鼓励更多的教师也参与进来，与学生多角度、零距离地交流，从而更有效地对大学生起到思想导向作用，整体提升学生的理解和参与能力。在一定程度上将枯燥抽象的理论说教变得更加具体生动，使大学生活学活用、激发兴趣、挖掘潜能，潜移默化地提升整个大学的文化氛围和人文朝气。开展校园文化活动既要与社会文化紧密相连，又应具有校园特点，最大限度地激发学生积极主动地学习社会主义核心价值观，从而使高校成为发展和传承中国特色社会主义先进文化的主阵地、示范区和辐射源。

三、创新大学生社会主义核心价值观培育的有效载体

（一）开辟网络培育新阵地

当今时代，互联网已经成为大学生传播、接受各种知识信息、思想观念和价值理念的重要途径。在具体工作中，一是努力建设优良的大学生社会主义核心价值观培育专题网站与校园主网站。建设过程中，应注意贴近实际、贴近生活、贴近学生，适应大学生的思想与心理需要，融思想性、知识性、趣味性、服务性于一体，使之成为吸引大学生，为大学生所喜爱、所关注的重要媒体。二是积极争取全社会的关注与支持，使各大社会性门户网站都能承担起大学生社会主义核心价值观培育的责任。社会性网站，如新浪、搜狐、腾讯等的内容丰富多彩，对大学生有很大吸引力，产生了巨大影响。因此，各大社会性网站也应以社会主义核心价值观为引领方向，营造良好的网络氛围，为大学生提供健康、丰富的精神食粮。各类新闻网站应严格自律，不能单纯以提高点击率为目的，抛出各种违背社会道德要求和新闻职业道德的内容，应为大学生社会主义核心价值观培育发挥积极的导向作用。三是要运用新媒体手段，拓展网络阵地。高校应紧跟时代步伐，利用微博、微信的快速传播优势，培育大学生社会主义核心价值观。引导教学名师、专任教师、辅导员、优秀学生典型进驻微博、微信；利用微博、微信优势打造原创优秀文化作品，引导大学生制作原创微电影、微音乐、微课堂、微软件，利用微博、微信传播社会主义核心价值观。四是掌握网络舆情，引导网上舆论。成立网络舆情中心，组织干部、教师、学生骨干形成三级网络评论员队伍，用社会主义核心价值观引导网上正面舆论。推动网络素养教育进课堂，开设网络文明与法律知识专题讲座，引导学生坚守网络诚信，健康理性上网[8]。将网络管理服务主体转向学生，成立学生工作委员会，建立24小时学情直通车、学生诉求栏、校领导及职能部门与学生面对面等系列机制，有效增强大学生社会主义核心价值观培育的公信力和实效性。

（二）创新开展社团活动

高校学生社团是学生交流思想的重要阵地，我们应该高度重视社团的思想教育功能，充分利用学生社团活动，推动大学生社会主义核心价值观培育工作。学校应加强思想引导和规范管理，弘扬社会主义主旋律，提倡多样化，积极采取措施提升社团活动的内涵建设，提高社团活动的凝聚力和精神品位，以社团活动的质量赢得大学生。根据不同社团特点，开展不同的体现社会主义核心价值观的活动。

一是依托理论学习型社团，开展一些社会主义核心价值观知识竞赛、征文比赛、主题教育报告会、时事专题讲座、专题讨论会等活动，引导大学生更加自觉地坚持社会主义核心价值观，进一步增强历史使命感和时代责任感，牢固树立建设“富强、民主、文明、和谐”的社会主义现代化国家的共同理想，树立“自由、平等、公正、法治”的价值取向，遵守“爱国、敬业、诚信、友善”的道德准则。

二是通过学术科技型和兴趣爱好型社团，以专家讲座、人文论坛、艺术展演、科技创新比赛等为主要形式，开展丰富多彩的学术科技和文体活动，在活动中深入挖掘社会主义核心价值观元素，使活动具备丰富的思想教育内涵，加强社会主义核心价值观的渗透，将社会主义核心价值观教育融入活动中。

三是可以利用“五四”青年节、国庆节、党的生日、学雷锋活动日等举办演讲比赛、知识竞赛、文艺晚会、学术科技作品大赛等，加强爱国主义教育、社会主义教育，弘扬优秀的民族文化传统，培育以改革创新为核心的时代精神。

四是依托社会公益型学生社团，通过宣传、介绍、推广志愿服务、奉献等活动，使大学生活跃在支边支教、服务社会、服务弱势群体的第一线，通过亲身体会，实际接触社会、了解社会，从感性上认识我国各项事业所取得的巨大成就，使大学生树立科学的理想信念，增强建设中国特色社会主义事业的价值认同度和历史责任感。

（三）营造和谐大学生公寓环境

大学生公寓应有一个舒适温馨的环境，成为大学生压力的缓冲带。以公寓为基地开展大学生社会主义核心价值观培育，应该适应现代大学生公寓的特点，融入大学生的生活。

一是建立一种全新的思想政治工作组织形式和工作机制。辅导员住进公寓，与学生同吃、同住、同生活，及时了解学生的思想动态和生活需要，帮助他们解决实际困难，用辅导员的身体力行来感召大学生树立社会主义核心价值观；将党团组织建到公寓，充分发挥党团组织宣传先进文化、进步思想、践行“三个倡导”的先锋作用，发挥党团的先锋模范和示范引领功能；积极建立学生公寓的自我管理组织，努力把学生公寓建成学生自我教育、自我管理、自我服务的基地；要将心理咨询搬进学生公寓，及时调节、解决学生的心理压力和困惑；要把学生在公寓内的表现纳入德育考评范围，把结果作为评优评先的重要依据，做到“民主、平等、公正、诚信”。

二是加强对大学生群体行为的控制与引导。要用“三个倡导”引导大学生全面、客观、辩证地思考问题，积极培养大学生积极分子、学生骨干，在公寓中展开潜移默化的自我教育；要因势利导，及时进行情绪疏通，避免个体情绪激化或群体情绪爆发；要建立正常的信息反馈和对话机制，经常与学生交流、沟通，对工作中的失误、不足及时进行调整和改进。在大学生公寓中传播“和谐、文明、平等、友善”的群体关系。

三是强化公寓文化设施建设，丰富公寓文化生活。光有空洞的无形说教，没有有形的精神文化支撑，很难达到最佳效果，必须大力推进公寓文化建设，例如，以“三个倡导”为内容，通过建立学生公共阅览室、学生活动室、宣传报栏及其他学生活动场所等，用公寓活动宣传“富强、民主、文明、和谐、自由、平等、公正、法治、爱国、敬业、诚信、友善”。在大学生的日常交流中，互相激发认同“三个倡导”，取得相互教育的效果。

四、形成大学生社会主义核心价值观培育的合力

在当代大学生社会主义核心价值观培育过程中，社会教育、家庭教育、学校教育各有特点，应把社会教育、家庭教育、学校教育紧密结合起来，突出社会教育，巩固家庭教育，加强学校教育，推动培育工作逐步深化，形成培育强大合力。

（一）优化社会大环境

人都生活在社会中，自然受到社会环境的影响，因此，社会教育在大学生社会主义核心价值观培育中发挥着重要作用。因此，必须建立良好的文化环境、舆论环境、校园周边环境，为大学生培育社会主义核心价值观营造良好的社会大环境。

一是必须准确把握先进文化的前进方向，在文化的教育中体现“三个倡导”。要大力发展文化事业和文化产业，为大学生提供更多更好的文化产品和文化服务；要充分利用博物馆、纪念馆、展览馆、烈士陵园等爱国主义教育基地，使大学生树立起爱国主义精神，自觉自愿地为建设“富强、民主、文明、和谐”的社会主义现代化国家而奋斗努力；要充分发挥各种群众性活动中心的作用，开展面向大学生的公益性文化活动，培育大学生“平等、诚信、友善”的价值追求。

二是必须坚持党对宣传、新闻、出版等舆论阵地的领导权，把舆论阵地牢牢掌握在愿意自觉践行社会主义核心价值观的人手中；必须坚持团结、稳定、和正面宣传为主的方针，牢牢把握正确的舆论导向；必须增强舆论阵地的吸引力、感染力和说服力，提高舆论宣传的质量和效果；必须大力弘扬正气，并对各种错误思潮和丑恶现象及时给予有力的揭露和批判。

三是必须把净化环境和优化校园周边环境作为精神文明建设的重要任务，依法加强对学校周边文化、娱乐、商业经营活动的管理，及时处理侵害学生合法权益、身心健康的行为和影响学校稳定、社会稳定的事端，维护学校正常教

学和生活秩序，为大学生的健康成长提供有力保障。

（二）重视家庭教育的作用

家长应该认识到学校无法独立支撑教育的大厦。家庭教育在大学生德育中具有重要作用，对大学生社会主义核心价值观培育有着得天独厚的优势，家庭应与高校充分配合，更有力地促进大学生全面健康发展，促进大学生培育和践行社会主义核心价值观。家长应该认识到自己对学生的影响是潜移默化的，因此，在平时的家庭生活中应注意自己的一言一行，用自己的行为为大学生树立起践行社会主义核心价值观的典范；在家庭成员之间的关系、家庭文化氛围、家庭生活习惯、家庭对外交往方式以及家长的个人爱好等方面体现社会主义核心价值观，和谐与邻关系、与人关系，树立起良好的家风家教，渗透到大学生的心灵中去；家庭教育应该发挥亲情力量感化大学生。同时，应该主动加强与高校的联系，不仅要重视大学生的智育、学习成绩，更要注重大学生的德育思想，与高校一同培育大学生的社会主义核心价值观。

（三）建立高校、社会、家庭的联动机制

在社会、家庭、学校“三位一体”的培育系统中，高校应该发挥沟通、联系的纽带作用。应主动加强与大学生家庭的联系，向家长介绍大学生在校期间思想、学习、工作、生活、人际交往等表现，应充分利用书信、电话、电子邮件、家访等方式与学生家长取得联系，应成立由辅导员、班主任、学生家长代表参加的大学生家庭教育协调组织，统一负责组织、协调工作，将大学生社会主义核心价值观的家庭教育和高校教育联结起来。例如，南京医科大学建立家长观察员制度，构建“家校联动”模式，每月邀请不同的家长进驻校园，向其介绍学校培育情况；建立家长热线联系制度，辅导员向每位家长公布联系方式，密切联系。通过这样的方式，加强了学校教育与家庭教育的合力，更好地促进了大学生社会主义核心价值观的培育。同时，高校也应加强与社会教育的联系，与社会接轨，将社会优良风气和优秀先进文化作品引进校园，积极与政府机关、企事业单位、社区、各种优秀民间组织取得联系，为大学生在社会实

践中深化社会主义核心价值观提供机会和平台。

大学生群体是具有鲜明的社会角色和任务使命的群体，大学生价值观是对于大学生的生活学习具有目标导向性、方向规定性和价值示范性的观念体系，对于大学生价值观的关注应该是关系国计民生的大问题。

新的历史时期，需要我们站在新时代的高度去深入思考和研究这一问题，为进一步促进社会主义核心价值观融入国民教育奠定基础、畅通路径。

新时代大学生价值观培育是一项系统工程。推进这项系统工程，除了要在自身系统内部各个环节探索创新之外，还需要在国家层面建立经济的、政治的、文化的、社会的一系列支撑力量，为培育工作提供强大的支持。

经济上，要坚持和完善以公有制为主体、多种所有制经济共同发展的基本经济制度，健全社会主义市场经济体制，把推动经济基础变革同推动上层建筑改革结合起来，大力推进社会主义经济建设，从根本上保障社会主义意识形态的主导地位。

政治上，要进一步提高各级领导干部对社会主义核心价值观培育工作重要性的认识，切实抓好国家的民主政治建设、党风廉政建设、政策法规建设、利益调节机制设计以及以人为本的执政理念的落实，把社会主义核心价值观体现到制度设计、政策制定和社会管理中。为在全社会培育社会主义核心价值观提供强有力的法律和制度保障。

文化上，要以中央马克思主义理论研究与建设工程为龙头，深入进行理论研究和理论创新，为培育社会主义核心价值观提供强大的理论支撑；要精心打造理论精品、文化精品和媒体精品，加强高科技网络媒体建设，实行积极的文化战略，增强国家的软实力，建立更加广泛的基本理论共识。

社会政策上，要通过社会主义和谐社会建设，增加社会物质财富、改善人民生活，保障社会公平正义、促进社会和谐，着力解决广大群众最关心、最直接、最现实的利益问题，从根本上扩大人民群众对社会主义核心价值观认同的基础，进而扩大社会主义核心价值观对多样化社会思潮的整合力与引领作用。

只有经济基础和上层建筑诸领域充分配合与相互支持，才能更好地推进在新时代大学生中培育社会主义核心价值观的系统工程，为社会主义先进文化建设奠定坚实的基础，为中国特色社会主义建设提供强大的精神动力。

参考文献

[1] 曲莎莎，向辉，张其光．高校建设学生荣誉激励体系的基本原则与思路[J].思想教育研究，2015，(7).

[2] 任小龙主编；林松涛，樊稳，吴永副主编.理想责任进取荣誉大学生入党积极分子读本[M].西安：西安电子科技大学出版社，2011.

[3] 石奇光.爱国责任荣誉上海电力学院大学生第二课堂巡礼[M].上海：上海大学出版社，2006.

[4] 顾婧宇.高校学生荣誉体系的探索与机制设计[J].时代人物，2019，(31)：164-165.

[5] 王洁.构建高校学生荣誉体系育人实效性的路径探析[J].济南职业学院学报，2019，(5)：60-61.

[6] 魏鹤如，李天昊.基于荣誉体系视角下的高校第二课堂建设现状及对策研究[J].青年与社会，2019，(15)：105-106.

[7] 雷卡尔原著.荣誉学生[M].德昌出版社.

[8] 浙江大学竺可桢学院编.如何在荣誉学院脱颖而出[M].杭州：浙江大学出版社，2016.

[9] 王吟.新时代高校荣誉体系建设刍议[J].文教资料，2020，(33).

[10] 王雪.荣誉制度与大学生核心价值观的培育[J].文教资料，2020，(15)：47-49.

[11] 李南.新时代高校大学生荣誉体系构建路径探析[J].桂林师范高等专

科学校学报，2019，33（2）：24-26.

[12] 钟俊杰.价值选择、评价机制与高校荣誉体系建设探究[J].青年与社会，2019，（31）：268-269.

[13] 王凤玉，张馨予.诚信为本：美国高校荣誉制度探究[J].沈阳师范大学学报（社会科学版），2019，43（2）：91-95.

[14] 王丽萍.高校学生思想政治教育与创新思维[M].北京：中央文献出版社，2009.

[15] 周家伦.高校辅导员理论、实务与开拓[M].上海：同济大学出版社，2011.

[16] 徐建国.宁夏高校教师岗前培训教材[M].银川：宁夏人民出版社，2008.

[17] 于可红等.体育与健康课程学习评价指标体系研究[M].杭州：浙江大学出版社，2013.

[18] 程敬恭.高校教师职业道德修养[M].太原：山西人民出版社，2007.

[19] 李祚.试谈大学生思想政治教育特点和规律[J].经济与社会发展研究，2020，（13）：147.